O DIA DOS BÁRBAROS
9 DE AGOSTO DE 378

Alessandro Barbero

O DIA DOS BÁRBAROS
9 DE AGOSTO DE 378

Tradução
Maria Cecilia Casini

Estação Liberdade

Título original: *9 agosto 378: il giorno dei barbari*
© 2005, Gius. Laterza & Figli, todos os direitos reservados
© Editora Estação Liberdade, 2010, para esta tradução

Preparação	Antonio Carlos Soares
Revisão	Jonathan Busato
Editor adjunto	Leandro Rodrigues
Assistência editorial	Tomoe Moroizumi
Composição	B.D. Miranda
Capa	Nuno Bittencourt/Letra & Imagem
Imagem da capa	Relevo: *Bárbaro combatendo legionário romano*. © René-Gabriel Ojéda/RMN/Other Images
Mapas	Antonio Kehl

CIP-BRASIL. CATALOGAÇÃO-NA-FONTE
Sindicato Nacional dos Editores de Livros, RJ

B188n
Barbero, Alessandro, 1959-
  9 de agosto de 378 : o dia dos bárbaros / Alessandro Barbero ; tradução Maria Cecilia Casini. - São Paulo : Estação Liberdade, 2010..
  il.

  Tradução de: 9 agosto 378 : il giorno dei barbari
  ISBN 978-85-7448-184-5

  1. Roma - História - Império, 30 a.C.-476 d.C. 2. Roma - História - Invasão dos bárbaros, Séc. III-VI. I. Título: Nove de agosto de trezentos e setenta e oito.

10-2269.   CDD: 937.06
                                            CDU: 94(37)

Todos os direitos reservados à
Editora Estação Liberdade Ltda.
Rua Dona Elisa, 116 | 01155-030 | São Paulo-SP
Tel.: (11) 3661 2881 | Fax: (11) 3825 4239
www.estacaoliberdade.com.br

SUMÁRIO

PRÓLOGO
9

CAPÍTULO I
O IMPÉRIO ROMANO NO SÉCULO IV
11

CAPÍTULO II
O IMPÉRIO E OS BÁRBAROS
19

CAPÍTULO III
OS GODOS E ROMA
31

CAPÍTULO IV
A EMERGÊNCIA DO ANO DE 376
51

CAPÍTULO V
EXPLODE A GUERRA
73

CAPÍTULO VI
A BATALHA DOS SALGUEIROS
85

CAPÍTULO VII
A GUERRA CONTINUA
99

CAPÍTULO VIII
VALENTE AVANÇA
113

CAPÍTULO IX
ADRIANÓPOLIS, 9 DE AGOSTO DE 378
127

CAPÍTULO X
APÓS O DESASTRE
153

CAPÍTULO XI
TEODÓSIO
171

CAPÍTULO XII
A REAÇÃO AOS BÁRBAROS
185

INDICAÇÕES DE LEITURA
199

ÍNDICE ONOMÁSTICO
223

PRÓLOGO

O tema deste livro é uma batalha que mudou a história do mundo, mas não é famosa como Waterloo ou Stalingrado; aliás, muitos nunca ouviram falar dela. No entanto, segundo alguns estudiosos, marcou o fim da Antiguidade e o começo da Idade Média, pois deu início a uma série de eventos que, mais de um século depois, levariam à queda do Império Romano do Ocidente. Este evento se relaciona com uma data lembrada universalmente, já que se encontra em todos os manuais escolares, e há muito tempo pertence à coletividade: o ano de 476 d.C., que assinala a deposição de Rômulo Augústulo. Mas na realidade este foi somente o ponto de chegada de um processo que começara muito tempo antes, e naquele momento o jogo já estava definido. O imperador era um fantoche, desprovido de qualquer poder efetivo. O império já estava desagregado e encontrava-se em frangalhos, os bárbaros dominavam a Gália, Espanha, África e até a Itália. O saque de Roma já acontecera, aliás, duas vezes: a primeira, em 410, pelos godos; a segunda, em 455, pelos vândalos. Enfim, a dissolução do império estava tão adiantada que até mesmo a deposição do último imperador do Ocidente não era mais um fato tão marcante. Um ensaio famoso de Arnaldo Momigliano, intitulado *La caduta senza rumore di un impero*, demonstra justamente que, na época, o pretenso grande evento de 476, a deposição de Rômulo Augústulo, foi notado por pouca gente.

Mas se o Império Romano do Ocidente, reduzido a uma casca vazia, chegara ao ponto de ser abolido por um chefe bárbaro sem que ninguém reclamasse, isso foi o resultado de uma série de traumas que tiveram início exatamente um século antes. Em 376 d.C., um afluxo súbito de refugiados nas fronteiras do império, somado à incapacidade das autoridades romanas de administrar adequadamente a emergência, provocou a deflagração de um conflito dramático, que culminara na derrota mais desastrosa desde a época de Aníbal e da batalha de Cannes.

Portanto, neste livro contaremos a história da batalha de Adrianópolis, ocorrida no dia 9 de agosto de 378, na parte europeia da atual Turquia, que antigamente era a província romana da Trácia. Descreveremos a batalha e procuraremos demonstrar que ela realmente marcou o fim de uma época e o início de outra: uma época em que será cada vez mais difícil para Roma controlar os bárbaros com a força, e, ao mesmo tempo, continuar se considerando a única superpotência mundial. Falaremos da Antiguidade e da Idade Média, dos romanos e dos bárbaros, de um mundo multiétnico e de um império em transformação, e de muitas outras coisas, como, por exemplo, do cristianismo, que já era a religião oficial do Império Romano, e que estava se difundindo também entre os bárbaros, e os transformava. Mas o cerne da nossa narrativa será o que acontece ali, em Adrianópolis, nos Bálcãs, durante uma longa tarde de verão.

CAPÍTULO I
O IMPÉRIO ROMANO NO SÉCULO IV

1

O que era o Império Romano em 378 d.C.? Para começar, era um império imenso, com horizontes geográficos muito diferentes dos da Europa atual. Hoje nossa civilização é continental, voltada para o Atlântico; o mar Mediterrâneo para nós é uma fronteira, além da qual, na percepção comum, há uma outra civilização, um outro mundo. O Império Romano, ao invés disso, coincidia com a bacia do mar Mediterrâneo: o mar era seu centro, *mare nostrum*. As fronteiras do império eram outras: os grandes rios Reno e Danúbio, que para nós são o coração da Europa, para os romanos eram fronteiras, postos avançados da civilização; outro grande rio, o Tigre, marcava a fronteira oriental de Roma. Para nós, estas parecem regiões exóticas e distantes. No entanto, o império chegava até lá; provavelmente os funcionários, os militares, os mercadores romanos sentiam-se mais à vontade na Mesopotâmia do que nas terras geladas do Norte. Sem falar na região meridional do império, cujas fronteiras eram os desertos africano e árabe, pois os romanos tinham chegado ao interior profundo da África e da Arábia, e não somente com as fortalezas das fronteiras e com as guarnições de legionários, mas também com as cidades comerciais, as casas-grandes, os latifúndios; com as oliveiras, o trigo, os vinhedos. O mar Mediterrâneo era o coração pulsante e o sistema nervoso de todo esse mundo, cruzavam suas águas navios cargueiros que traziam, por exemplo, trigo e azeite da Tunísia para Roma, uma metrópole de um milhão de habitantes, consumidora voraz de enorme quantidade de alimentos.

Quando pensamos nos países que formavam o império, não podemos evocar somente as províncias europeias, aquelas que, ao nosso olhar de ocidentais, parecem ser as mais familiares: a Espanha, já conquistada aos cartagineses; a Gália, conquistada por Júlio César; a Britânia, lá no meio das neblinas do Atlântico; a Itália, ainda que na época da batalha de Adrianópolis já houvesse perdido havia bastante tempo seu papel e seus privilégios de centro do império. Eram também dominadas por Roma as províncias balcânicas, onde, entre outras coisas, recrutavam-se os melhores soldados; a Ásia Menor, isto é, a atual Turquia; a Síria, a Palestina, o Egito, enfim, todo o Oriente Médio, incluindo uma parte da Arábia; e ainda a faixa litorânea do Norte da África, o atual Magreb. Todas essas regiões que hoje em dia, para os europeus, são um "além", na época eram parte integrante do mundo romano; aliás, essas eram as províncias mais ricas e civilizadas do império. O baricentro da civilização localizava-se no Oriente; justamente por essa razão, Constantino, alguns anos antes, fundara lá sua nova capital, Constantinopla, para substituir Roma. Constantinopla, como sabemos, corresponde à atual Istambul, a grande metrópole turca; no início deste século XXI discute-se sobre a possibilidade de a Turquia entrar ou não na Europa, mas na época era justamente ali que batia o coração do Império Romano. Um império onde se falava o latim, mas também o grego, aliás, sempre mais o grego, pois esta era a língua do Oriente. O latim se mantinha, em todo lugar, como a língua dos tribunais e quartéis, a língua em que as leis eram escritas; mas nas grandes cidades das províncias orientais, as mesmas onde o cristianismo iniciara sua difusão, a língua dominante era o grego.

2

Acostumamo-nos a pensar no Império Romano na véspera das invasões bárbaras como um organismo profundamente decadente. Mesmo em nossa linguagem cotidiana, quando falamos em Baixo Império evocamos a corrupção e o luxo inútil, os eunucos e as concubinas, as torturas refinadas e as especulações teológicas abstratas, todo um mundo em profunda decadência moral e material. Um dos livros de História mais famosos de todos os tempos é o do inglês Gibbon, que no século XVIII dedicou a essa época uma obra importante, destinada a exercer uma enorme influência sobre os estudos futuros, intitulada justamente *Declínio e queda do Império Romano*. Mas a realidade era diferente daquela sugerida por este título: o império tinha dois problemas sérios que nunca conseguiu resolver: as contínuas usurpações dos generais que se faziam aclamar imperadores por seus exércitos, geralmente depois de terem matado o imperador, e as incursões dos bárbaros através das fronteiras. Porém, no século IV, esses dois problemas pareciam estar sob controle. No passado, houvera momentos bem piores: no século III, por exemplo, sentaram-se no trono imperial cerca de 22 imperadores num período de cinquenta anos, sendo que quase todos tiveram um fim trágico. Naquela época as incursões dos bárbaros tinham chegado até o coração das províncias consideradas mais seguras, semeando o pânico na planície Padana, chegando quase até Atenas; e, no entanto, o império sobrevivera.

A situação foi salva por alguns imperadores bastante enérgicos, todos militares de carreira nomeados pelo exército: Aureliano, aquele que construiu as Muralhas Aurelianas, em Roma; Diocleciano, o responsável pela última grande perseguição aos cristãos; e, naturalmente, Constantino. Eram homens de ação, com ideias claras e sistemas brutais, com os quais tinham conseguido reconsolidar o império, sem se preocupar muito com o preço pago pela população. Tinham introduzido outra vez o alistamento obrigatório, dobrado os impostos, fortalecido a burocracia e a polícia secreta; como existia muito descontentamento entre a população, foram promulgadas leis severíssimas contra a deserção, a evasão fiscal, a lesa-majestade; o imperador foi transformado numa figura sagrada e intocável, à qual as pessoas comuns não tinham sequer o direito de olhar. Os dissidentes eram ameaçados com castigos terríveis; nem era preciso conspirar contra o imperador; bastava fazer seu horóscopo e descobrir quando ele morreria, para ser condenado à fogueira.

Se o julgamos com os critérios atuais, o império reconsolidado pelos generais do século IV apresentava alguns aspectos totalitários dos quais podemos não gostar, e sem dúvida não nos agradaria viver sob aqueles tiranos. No entanto, a receita funcionava, o império se reerguera, a economia ia bem, o dinheiro circulava, havia cidades grandes e prósperas, para dizer a verdade mais no Oriente grego do que no Ocidente latino. Enfim, de qualquer lado que observemos, talvez fosse uma sociedade cheia de contradições, mas não um império em decadência.

3

Portanto, em 378, Roma ainda não estava em decadência do ponto de vista cultural nem moral; estava, isso sim, se transformando. Foi no século IV que o império tornou-se cristão. Constantino dera um fim às perseguições em 313, com o Édito de Milão; ele declarou que, para garantir a prosperidade do império, era preciso que todas as religiões fossem toleradas, e que cada um pudesse rezar a Deus conforme a própria fé. Belas palavras! Logo depois, porém, Constantino deixou bem claro que, para ele, a religião cristã era a mais adequada para garantir a felicidade de seus súditos, e que a Igreja cristã, quando necessitasse, poderia contar com o apoio concreto do governo. Depois de Constantino, todos os imperadores seriam cristãos, com exceção de Juliano, que foi chamado pelos cristãos de "o apóstata", ou seja, o renegado. Mas isto não quer dizer que a cultura tradicional tivesse sumido; as cidades do império ainda estavam cheia de retóricos, filósofos, poetas, em geral pagãos, que mantinham viva a grande tradição da oratória, da filosofia e da poesia clássica, em língua latina e grega. Ao lado da cultura pagã, no entanto, avançava a cultura cristã, que não só não apagou as antigas raízes, como lhes imprimiu um rumo novo, uma nova vitalidade.

Nessa época é que viveram alguns dos maiores padres da Igreja, os intelectuais que deram ao cristianismo suas bases filosóficas — e o cristianismo, como sabemos, é uma religião complexa do ponto de vista teórico. Vejamos: em 378, ano em que ocorreu a batalha de Adrianópolis, Santo Ambrósio era o bispo de Milão, embora tivesse menos de quarenta anos; Santo Agostinho, que morava em uma grande cidade africana, era um jovem promissor, estava no começo de sua aventura espiritual, embora ainda mais ligado à seita dos maniqueístas do que à Igreja católica; São Jerônimo, que tinha por volta de trinta anos, acabara de passar pela experiência, excitante e decepcionante ao mesmo tempo, de viver como um eremita no deserto da Mesopotâmia, e preparava-se para voltar à Itália a fim de se dedicar à verdadeira grande façanha de sua vida, a tradução da Bíblia do grego para o latim, que ficou conhecida por nós como a *Vulgata*. Além disso, na Gália vivia Martinho, aquele que compartilhou sua capa com o mendigo; ele era o mais velho de todos, estava com mais de sessenta anos, e procurava conciliar sua vocação de monge com o cargo, oneroso, de bispo de Tours, para o qual fora escolhido pela população.

Esses poucos personagens, aos quais temos de acrescentar os grandes padres gregos, menos conhecidos por nós mas igualmente importantes na história da cristandade — São Basílio de Cesareia, São Gregório de Nissa, São Gregório de Nanziano, São João Crisóstomo —, são suficientes para nos dar uma ideia da incrível vitalidade da cultura cristã naqueles anos. Sem dúvida, uma cultura polêmica também, dilacerada pelas disputas teológicas, cheia de movimentos heréticos que se opunham uns aos outros; mas mesmo assim uma cultura que dava cada vez mais o tom a todo o império. De resto, em 380, com o Édito de Tessalônica, o imperador Teodósio estabeleceu por lei que o cristianismo católico, da forma como fora decidido no Concílio de Niceia, seria a única religião obrigatória para todos os súditos do império; uma mudança drástica se comparada à tolerância do Édito de Constantino. Embora nem tivessem se passado ainda dois anos da batalha de Adrianópolis, esse incremento repressor do governo imperial pode ser também considerado, de certa forma, uma das consequências daquele desastre.

CAPÍTULO II
O IMPÉRIO E OS BÁRBAROS

1

O Império Romano do século IV não era, portanto, um império em decadência; prova disso é que os bárbaros queriam entrar nele. Uma das dinâmicas cruciais na história da Antiguidade tardia é justamente a dos movimentos das populações, que os italianos — mas também os franceses; enfim, todos os povos de línguas neolatinas —, chamam de "invasões bárbaras". Os historiadores alemães, mais propensos a ver as coisas do ponto de vista dos recém-chegados do que das populações locais, preferem falar em "migrações de povos", *Völkerwänderungen*. E é preciso admitir, com base em nossos conhecimentos atuais, que esta terminologia é a mais adequada: o encontro entre o império e os bárbaros já começara havia tempo, sob a forma de movimentos de imigração, antes de enveredar para um desfecho muito mais dramático e violento, a partir da batalha de Adrianópolis. Portanto, cabe perguntar: ao olhar para fora, para além de seus postos de guarda que vigiavam as fronteiras, o que viam os romanos? O que eles sabiam daquele mundo que existia lá fora, e que os imperadores romanos nem reconheciam oficialmente, visto que em sua propaganda fingiam ser os donos do mundo?

Na realidade, os romanos sabiam perfeitamente que existiam outros povos e outros países fora de suas fronteiras. Mas apenas em um caso tratava-se de um império inimigo, também muito grande e poderoso, civilizado, e parcialmente helenizado: o Império Persa, ou Império Sassânida, que era o nome da dinastia que o governava na época. Os persas não queriam entrar para se estabelecer no território romano; queriam, eventualmente, se apoderar das ricas províncias orientais do império: o embate, neste caso, não era entre a "civilização" e os "bárbaros", mas entre duas civilizações que se odiavam e se combatiam durante séculos. Elas estavam separadas pelos dois grandes rios da Mesopotâmia, o Tigre e o Eufrates; em certos momentos, eram os romanos que avançavam, aproximando-se da outra margem do rio Tigre; outras vezes, eram os persas que chegavam até Antióquia, ou seja, ao mar Mediterrâneo. É importante lembrar disso, pois voltaremos a falar deste inimigo poderoso, à espreita no Oriente, quando analisarmos mais de perto a batalha de Adrianópolis.

Mas em outros lugares as fronteiras do império não estavam ameaçadas por inimigos tão terríveis. Ao longo de todo o limite meridional, nas fronteiras arábica e africana, não havia rios protegendo o império, e sim um deserto; as populações locais eram nômades, era difícil mantê-las do lado de fora; e é bem provável que os romanos nem tenham tentado. É preciso resistir à tentação de considerar as fronteiras do império como uma barreira intransponível, e os romanos como um povo sob cerco, obcecados pela ideia de não deixar entrar ninguém em seu território. Os nômades atravessavam as fronteiras, que serviam justamente para controlá-los, e não para mantê-los do lado de fora; quando eles exageravam com as depredações, era possível puni-los; ou então se fazia um acordo com seus chefes, em que se pagava bem a eles para que escoltassem as caravanas e protegessem as trilhas do deserto. Com os nômades beduínos e berberes, o império podia conviver sem muitos problemas. Em certas regiões, especialmente na África, os chefes das tribos recebiam a cidadania e um nome romano, edificavam mansões que eram verdadeiras fortalezas, e seus homens trabalhavam como guardas de fronteira romanos. Vez por outra, algum cristão zeloso se preocupava, pois esses bárbaros eram pagãos e quando entravam no exército juravam pelos seus próprios deuses; mas era esse tipo de acordo que garantia a segurança do império.

2

A situação era diferente se nos voltarmos à fronteira setentrional, onde viviam os bárbaros das terras frias. Ali a fronteira do império era marcada por dois grandes rios, o Reno e o Danúbio; e os escritores romanos se felicitavam pelo fato de a Natureza — ou Deus, se são escritores cristãos — ter colocado lá aquelas duas massas de água, para manter os bárbaros a distância. Os invernos gelados, quando os grandes rios congelam, e os verões excessivamente tórridos, quando o nível das águas baixa, eram as estações que os romanos mais temiam, pois então a barreira natural dos rios não funcionava e era preciso redobrar a atenção. De fato, do outro lado dos rios estavam os bárbaros mais perigosos, uma multidão de tribos que os romanos, de vez em quando, tentavam inventariar, classificar, descrever; na realidade, sabiam pouco deles e por eles pouco se interessavam, pois não atribuíam valor nenhum à diversidade.

Na melhor das hipóteses, era a variedade geográfica daquelas terras que chamava a atenção dos escritores romanos, mesmo porque se tratava de um fator que era preciso conhecer quando se decidia uma estratégia ou se planejava uma campanha militar. Para além do Reno e do alto curso do rio Danúbio, estava a Alemanha, um país de florestas e pântanos onde os romanos várias vezes levaram a pior, desde que Quintílio Varo fora esmagado com todas suas três legiões na floresta de Teutoburgo, na época de Augusto. Os romanos não tinham mais a intenção de avançar até ali, mas o tinham feito no passado, chegando até o rio Elba; portanto, aquele não era um país desconhecido para eles. E os germanos eram um inimigo perigoso e feroz, mas de alguma forma familiar e quase doméstico, desde que Tácito tinha escrito aquela que podemos considerar, com razão, como uma grande pesquisa etnográfica *ante litteram*: a *Germânia*, justamente. Suas capacidades bélicas podiam até se transformar em uma vantagem para o império: o exército romano estava repleto de imigrantes oriundos das tribos germânicas, e muitos deles faziam carreira, pois eram soldados excelentes, além de fiéis.

A fronteira do Danúbio era diferente. Ali, especialmente em direção à foz, onde o rio deságua no mar Negro, os romanos pouco sabiam o que havia adiante; fabulava-se acerca de estepes imensas, que continuavam rumo ao norte e onde ninguém nunca chegara. Hoje sabemos que aquelas estepes, através da Ucrânia, levam diretamente às planícies da Ásia Central, pátria de povos nômades que durante milênios se espraiaram em ondas contra as grandes civilizações sedentárias, contra o Império Romano, mas também contra a China e a Índia. E justamente toda essa efervescência dos nômades tornavam inquietantes as fronteiras danubianas. É verdade que os povos mais próximos — os godos, os sármatas —, tinham começado já havia algum tempo o seu processo de civilização, e mantinham relações comerciais com os romanos, praticavam uma agricultura rudimentar, criavam gado; mas suas tradições nômades ainda vinham à tona na facilidade com que se deslocavam em massa, com suas famílias e seus rebanhos, carregando todas as suas coisas em longos comboios de carros, em busca de terras mais férteis ou seguras. Comparados com eles, os germanos do rio Reno causavam menos preocupações: sempre foram camponeses, viviam em territórios estáveis, cada tribo em seu canto, cultivavam a terra, seus chefes já haviam aprendido a construir para si mansões fortificadas no estilo das grandes *ville* romanas. Sabia-se como se relacionar com eles. Os povos das estepes danubianas, ao contrário, aterrorizavam de verdade, pois atrás deles havia o desconhecido.

3

Com certeza, o medo é uma das chaves para se compreender o comportamento dos romanos em relação aos bárbaros. O medo ancestral evocado nos momentos mais dramáticos da história da Roma arcaica e republicana: os galos de Breno que chegavam até Roma, os cimbros e os teutões barrados por Mário às portas da Itália. Os escritores romanos retornavam toda hora a essa obsessão: os bárbaros são muitos, demais, principalmente a Alemanha os despeja na Europa em ondas sucessivas, como o oceano, as estepes vomitam continuamente novas raças. Mas, na realidade, esta retórica já era velha no século IV. Ela era mantida viva pelos oradores que chegavam das províncias fronteiriças, das ricas cidades da Gália, onde as incursões dos francos ou dos alemães eram uma ameaça autêntica, para suplicar ajuda ao imperador; era alimentada pelas notícias que chegavam das planícies danubianas, onde várias vezes o governo teve de evacuar as populações das regiões mais desprotegidas, retirar as guarnições, enviar os refugiados mais para o interior, para conseguir escapar das incursões dos nômades; era atiçada pelas queixas provenientes das fronteiras africanas, onde os latifundários reclamavam da ineficiência do exército, que não conseguia defendê-los dos assaltos, e ameaçavam distribuir armas aos seus trabalhadores para que eles se defendessem sozinhos. Porém, apesar de tudo isso, no palácio imperial pensava-se de outro modo. Os ministros sabiam que o império era capaz de punir os bárbaros sempre que estes levantassem demasiado a cabeça; acreditavam que havia escassez de recursos, falta de controle, batalhões desguarnecidos, e que era preciso satisfazer-se com medidas provisórias. Mas não era preciso ter medo.

Sim, os bárbaros tinham um caráter belicoso, era preciso castigá-los frequentemente, pois nunca aprendiam a lição; afinal, eles eram os bárbaros. Passado apenas um breve período de sua última derrota, eles de novo criavam coragem, entravam em território romano, atacavam fazendas, roubavam os escravos e o botim; os imperadores então precisavam intervir, organizando expedições punitivas. Então eram os romanos que avançavam no país inimigo, queimavam aldeias, chacinavam mulheres e crianças, roubavam gado, destruíam colheitas; até que os chefes das tribos viessem, de joelhos, pedir piedade. Assim, os mesmos latifundários e comerciantes que se queixavam da insegurança lucravam com os escravos capturados, com as contribuições impostas às tribos, com o gado que o exército levava de volta à pátria para distribuí-lo às pessoas. Quem teve as colheitas destruídas e perdeu os escravos podia pedir para o exército lhe fornecer prisioneiros para trabalhar de graça em seus campos. Ao mesmo tempo, os oficiais encarregados do recrutamento rondavam os acampamentos dos bárbaros derrotados e humilhados, selecionavam os jovens mais fortes, levavam-nos embora; eles então eram marcados a fogo e reeducados, eram disciplinados e se tornavam soldados romanos; e os latifundiários, que tinham como obrigação fornecer recrutas ao exército escolhidos entre seus colonos, de muito boa vontade pagavam uma taxa substitutiva, visto que agora os homens que iriam servir o exército vinham de fora. A guerra contra os bárbaros até que era um bom negócio, bastava saber administrá-lo bem.

4

Em suma, a atitude dos romanos do século IV em relação aos bárbaros era ambivalente. Tudo o que aprenderam com seus ancestrais foi que os bárbaros eram animais, e não homens, uma força da natureza capaz apenas de destruição; portanto, deveriam ser exterminados sem piedade. Mas para quem estava no centro do poder, mantendo sob vigilância os relatórios dos impostos e o alistamento do exército, parecia claro que os bárbaros eram também algo mais: eram mão de obra, mão de obra abundante e barata, justamente aquilo de que precisa um império que é obrigado, para se defender, a manter um exército enorme, e que quanto mais vai em busca de recrutas para formar os batalhões, mais corre o risco de danificar a agricultura, decepcionar os latifundiários e ver reduzida a arrecadação dos impostos, o que era o mais grave de tudo. Os burocratas que governavam o império e os latifundiários que em todas as províncias formavam as classes dominantes estavam de acordo quanto ao fato de que os bárbaros podiam se tornar um recurso importante, que não podia ser desperdiçado.

Desse outro ponto de vista é possível perceber algo que, antes, os romanos nunca tinham aceitado levar em consideração:

muitas vezes, os bandos de desvalidos que adentravam clandestinamente o império, agindo como marginais até serem capturados em alguma ronda militar, eram pessoas que fugiam da fome, da miséria, da violência das tribos inimigas. Gente que só conhecia a lógica da força, mas que na realidade poderia muito bem ser acolhida e começar a trabalhar; pois trabalho, no império, era o que não faltava. Sem chegar a conceituar claramente este raciocínio, as elites gregas e romanas do século IV estavam descobrindo que os bárbaros invasores muitas vezes não passavam de imigrantes, ou refugiados, em busca de terra e trabalho. Por que, então, quando derrotados e presos, eles aceitavam de bom grado pegar no arado, ou se alistar no exército para servir como soldados? Descoberto isso, o resto foi consequência; a administração imperial começou a se organizar para acolher grupos numerosos de bárbaros, alocando-os no império. Foram abertas repartições especialmente incumbidas de organizar a acolhida aos bárbaros. No começo, essas repartições serviam para acolher os refugiados romanos que escapavam das regiões devastadas, ou os prisioneiros que haviam caído nas mãos de bárbaros e que foram libertados; mas agora, sempre com mais frequência, tratava-se de estabelecer comunidades inteiras de imigrantes nas zonas despovoadas que precisavam de mão de obra. Ao mesmo tempo, os juristas ocupavam-se em elaborar as leis que vinculassem tais imigrantes à terra, obrigando-os a pagar os impostos e a mandar seus filhos servir o exército.

Antes da batalha de Adrianópolis, as invasões bárbaras já haviam começado; mas eram, na maioria dos casos, invasões pacíficas de bárbaros submissos que, com seu trabalho, contribuíam muito para a manutenção da riqueza do mundo mediterrâneo. Enquanto a administração imperial conseguia administrar pacificamente essa imigração, enquanto existiam regras claras e controles atentos, não parece que o crescente número de imigrantes tivesse provocado problemas ou ressentimentos de nenhum tipo. O Império Romano já era por si só um império multiétnico, um caldeirão de línguas, de raças, de religiões. Portanto, parecia perfeitamente capaz de absorver uma imigração em massa sem se desestabilizar.

CAPÍTULO III
OS GODOS E ROMA

1

No campo da batalha de Adrianópolis, os romanos tiveram de enfrentar não exatamente um exército de invasores bárbaros, mas um povo inteiro em busca de acolhida: os godos. Eles eram um dos mais importantes povos bárbaros, os mesmos que uma geração mais tarde, sob o comando de Alarico, saqueariam a própria capital do mundo, ação que ficou conhecida como o saque do ano de 410 d.C. Essa data possui grande relevância simbólica na história, pois marca o colapso do império sob o impulso das invasões.

Mas quem eram, exatamente, os godos? Hoje, estamos acostumados a pensar neles como um povo de origem germânica; conhecemos bem sua língua, sabemos que pertencia ao grupo de línguas indo-europeias classificadas como germânicas pelos especialistas. Mas os romanos não sabiam nada disso, nem podiam saber; em geral, não tinham interesse nenhum na língua dos bárbaros, e de qualquer forma não possuíam os conhecimentos de linguística comparada necessários para chegar a certas conclusões.

É certo que, fisicamente, os godos se pareciam com os germanos: eram altos e tinham cabelos louros ou ruivos. Todas elas, características negativas aos olhos dos romanos. Não podemos esquecer que, no mundo romano, a raça dominadora, que acreditava ser dona de uma civilização superior e que olhava para todos os outros com desprezo, era composta por pessoas de tipo mediterrâneo, morenos e de baixa estatura; portanto, ser alto e louro era sinal evidente de inferioridade, de pobreza, de barbárie. Mas ninguém podia pensar que os godos fossem germanos; para os escritores romanos, os germanos eram simplesmente as tribos que habitavam as florestas e os pântanos da Alemanha. Já os godos habitavam as planícies orientais além da fronteira danubiana, as estepes que se perdiam rumo ao rio Don, e se pareciam fisicamente com os outros bárbaros das estepes: gente que montava a cavalo muito bem, criadores de gado e pastores, além de camponeses; gente desenraizada, sempre pronta a se mudar.

Ao preferir essa classificação, digamos, de caráter antropológico, os romanos não estavam de todo errados, pois, na realidade, ao se dar muita importância à aparência física, corre-se o risco de se equivocar. Os povos das estepes não constituíam etnias homogêneas, eram uma multidão de tribos, que se juntavam, dependendo das circunstâncias, quando surgia entre elas algum chefe carismático, bem-sucedido na guerra. Quando falamos, por exemplo, dos hunos — só para citar outro povo que terá um papel não secundário nessa história —, é bom deixar claro que somente o núcleo originário era formado por criadores de gado com traços mongóis, de baixa estatura e de olhos puxados, e que falavam uma língua turca. No auge de seu poder, algumas gerações depois de Adrianópolis, eles reuniram homens de toda a região das estepes, e até uma parte dos godos se transformou em hunos. Os dois povos se misturaram a tal ponto que os chefes hunos falavam fluentemente a língua dos godos; além do mais, Átila é um nome gótico.

A identidade étnica, portanto, era continuamente negociada e reconstruída, dependia dos vários deslocamentos dos grupos; e a abordagem classificatória dos escritores ro manos não deve nos induzir a pensar que se tratasse de grupos constituídos de forma definitiva. Na época de Adrianópolis, os clãs que se autodenominavam de "godos" estavam divididos em diferentes agrupamentos, que, no entanto, ainda não eram aqueles que estudamos na escola, visigodos e ostrogodos, mas nomes tribais mais antigos. De vez em quando, os escritores romanos os transcreviam; traduzidos para o latim de sua língua bárbara originária deviam soar muito esquisitos, principalmente "ostrogodos", como diríamos hoje. Entre eles, havia os tervíngios, os greutúngios, e sabe-se lá quantos mais. Mas os romanos não estavam mesmo interessados em entendê-los melhor; afinal, eles eram bárbaros, pobres coitados e analfabetos que morriam de fome em seu território subdesenvolvido.

2

Um romano ignorante, com certeza, classificaria os godos como bárbaros, como uma espécie de alienígenas, totalmente estranhos ao seu mundo. Quando encontrava algum deles, no mercado, por exemplo, é porque era um escravo. Os escravos, como sabemos, pertenciam a todas as raças, inclusive às mais exóticas; mas os mais inteligentes logo se romanizavam, procurando esquecer sua identidade étnica; os outros não tinham futuro, e acabavam se matando de trabalhar nas plantações e nas minas. No entanto, a imagem dos bárbaros como gente radicalmente estranha ao mundo romano era uma simplificação: útil, mas equivocada. Fazia alguns séculos que os godos viviam às margens do império, e tinham começado a mudar seu estilo de vida através do contato com Roma. Os arqueólogos húngaros e romenos que escavaram suas tumbas além do rio Danúbio — as 74 tumbas da necrópole do século IV em Sîntana de Mures, por exemplo —, constataram que os mortos tinham sido sepultados junto com louças trabalhadas no torno, ou de produção romana ou ótimas imitações, e com fivelas e joias de bronze, prata, âmbar, mas também de pedras duras e de vidro colorido, que só podiam ter vindo de Roma.

Enfim, os camponeses e pastores godos já estavam acostumados às visitas de mercadores romanos a suas aldeias (com certeza, mercadores de origem grega ou síria); e essas visitas impulsionaram, provavelmente, o desenvolvimento de suas técnicas agrícolas, embora ainda fossem primitivas. Os chefes godos sabiam muito bem que, para além do grande rio, o Danúbio, existia uma civilização riquíssima, que oferecia todo tipo de possibilidades. Atravessar o rio com um bando de guerreiros, em busca de botim, era a mais óbvia, embora também a mais perigosa de todas elas. Os bárbaros tinham aprendido que, quando se começava a jogar esse jogo, mais cedo ou mais tarde os romanos reagiam; e suas expedições punitivas eram terríveis. Porém, os bárbaros, que, por estarem sempre negociando e comerciando com os romanos, vinham se tornando cada vez menos "bárbaros", tinham aprendido também que o império precisava de mercenários, e que os pagava bem.

Roma, de fato, tinha milhares de quilômetros de fronteiras a serem defendidas, e inimigos poderosos; o exército romano era o mais forte do mundo, mas estava sempre faminto de homens. O que atraía a atenção dos chefes godos e de seus guerreiros não era tanto a possibilidade de se alistar nas legiões romanas, que havia muito selecionavam os recrutas no exterior entre os bárbaros. Nesse caso, os recrutas se tornavam soldados romanos; abandonavam para sempre seu país e suas famílias para começar uma nova vida, e os que sobreviviam aos 25 anos de serviço militar raramente tinham vontade de voltar para uma pátria com a qual já não tinham quase mais nada em comum.

Para muitos, era uma boa solução, pois fariam de tudo para sair da miséria; mas certamente isso não valia para todos. O que realmente interessava aos bárbaros que viviam do outro lado do Danúbio era que os romanos, além de recrutarem homens para seus destacamentos regulares, contratavam, a curto prazo, bandos de mercenários para campanhas específicas; e os godos eram os mais disponíveis para esta finalidade. Era muito útil contratá-los para as guerras contra os persas, porque não era difícil se deslocar da fronteira do Danúbio até a do Eufrates; assim, todas as vezes que um imperador romano planejava uma campanha contra a Pérsia, uma das primeiras coisas que fazia era contatar os chefes das tribos godas, oferecer-lhes presentes e subsídios, e requisitar o envio de alguns bandos de guerreiros para reforçar o exército que se formava na Mesopotâmia. Uma testemunha dessas práticas foi Libânio, retórico grego, homem maligno, muitas vezes desconfiado e, portanto, lúcido e realista em suas conclusões. Libânio observava que o sistema tinha ainda outra vantagem: grande parte desses mercenários acabava sendo morta, e dessa forma se reduzia o número de bárbaros sem que se percebesse, e as fronteiras se tornavam mais seguras.

3

Antes da batalha de Adrianópolis no século IV, os chefes godos fechavam acordos permanentes com o Império Romano. Aliás, pode ser que justamente o costume e a necessidade de negociar com o império tenham impulsionado os godos a organizar as tribos em federações mais numerosas, levando ao aparecimento de chefes que não eram mais simples chefes tribais, mas príncipes, os "reizinhos", como eram chamados pelos romanos. Os tratados diziam que esses chefes forneceriam guerreiros quando fosse preciso; em troca, receberiam presentes, pensões, e também subsídios regulares para alimentar seu povo. A administração romana era muito eficiente quando se tratava de coletar dos contribuintes dinheiro, azeite e carne a baixo custo para depois redistribuir tudo isso, dependendo das exigências políticas. A população das duas capitais, Roma e Constantinopla, dependia em grande parte dessas distribuições gratuitas; o custo dessas operações era bem elevado para o tesouro público, mas era politicamente indispensável, pois em troca o imperador tinha a certeza de manter a opinião pública a seu favor, evitando assim o descontentamento popular, que muitas vezes tornava-se fatal para um soberano pouco precavido.

O exército também era sustentado em grande parte por essas distribuições gratuitas, que podiam substituir o pagamento dos salários em dinheiro. Nada mais natural, portanto, que fornecer também subsídios aos bárbaros, quando era necessário mantê-los calmos. Constantino fora o primeiro a estipular acordos desse tipo, e o povo godo o recordava com veneração, como um grande imperador a quem os godos obedeciam de bom grado, como se fossem seus súditos. O próprio Libânio disse algo parecido: "Depois da morte de Constantino, a fronteira do Danúbio estava tranquila, e seu filho, Constâncio II, nada tinha a temer por parte dos godos, que 'tratavam nosso imperador como se fosse um deles'." A imagem tradicional do império, com seus limites fortificados e intransponíveis, e do ameaçador mundo bárbaro que se agitava para fora da fronteira, começa a ficar com muito mais nuances. Os godos não eram súditos do imperador e não pagavam impostos, não havia funcionários romanos mandando em seu país; mas o exército romano alistava com regularidade mercenários godos, e o fluxo dos salários e dos subsídios já mudara por completo a vida e a economia das tribos. Depois do acordo assinado com Constantino, os príncipes, para alimentar seu povo, haviam se acostumado a contar de modo estável com as remessas de trigo trazidas através do rio Danúbio pelos navios romanos; e com o ouro ganho como mercenários compravam tudo o que era preciso dos comerciantes romanos. Sem se darem conta disso, os godos já tinham se tornado dependentes do império, a tal ponto que, provavelmente, não poderiam sobreviver se, por alguma razão, os romanos suspendessem os pagamentos.

4

A familiaridade que se estabelecera entre os godos e o império produziu também outra grande consequência: os bárbaros começaram a se converter ao cristianismo. Sabemos pouco sobre as divindades adoradas pelos godos antes de eles descobrirem Cristo, até porque parece que mantinham um silêncio impenetrável sobre seus rituais; sabemos que suas divindades eram representadas, ou encarnadas, por imagens de madeira ou de pedra, e por objetos sagrados nos quais eram entalhadas inscrições em caracteres rúnicos. Todos esses objetos possuíam enorme importância ritualística. Os chefes que queriam impedir seus homens de se converterem ao cristianismo os obrigavam a executar sacrifícios em frente aos ídolos da tribo e a comerem a carne dos animais sacrificados; ainda muitos séculos depois, um poema nórdico rememorava a guerra dos godos contra os hunos contando que estes queriam se apoderar do objeto sagrado dos godos, "a pedra radiante nas margens do rio Dniepre". Quando era obrigada a se deslocar, cada tribo se preocupava primeiramente em levar consigo os ídolos e sua parafernália de objetos rituais, confiada a sacerdotes e sacerdotisas: o tesouro de Pietroasa, descoberto na Romênia em 1837, composto por 24 objetos de ouro, vasos, taças e ornamentos sacerdotais, sem nenhuma joia feminina nem objetos de uso cotidiano, exemplifica provavelmente a riqueza de um templo ou santuário tribal.

Os primeiros a levarem o cristianismo ao país dos godos idólatras foram os numerosos grupos de prisioneiros romanos arrastados pelos Bálcãs e pela Ásia Menor durante as incursões góticas do século III. Estes se integraram rapidamente ao nível mais modesto da sociedade tribal goda, o dos escravos e dos camponeses mais pobres; compartilhando do mesmo convívio, os cristãos começaram a fazer prosélitos. Depois que Constantino começou a empreender relações regulares com os godos, surgiram também alguns godos cristãos que tinham vivido por um bom tempo no império, estudaram, sabiam grego, e voltavam para junto de sua gente para difundir a nova fé. O mais importante deles se chamava Ulfila, que é um lindo nome germânico e deriva obviamente da raiz *Ulf,* "lobo", com a desinência diminutiva *la,* típica da língua gótica. Este Lobinho, porém, na realidade era um intelectual que estudara em Constantinopla e havia realizado uma façanha: inventara um alfabeto para escrever a sua língua materna, e traduzira a Bíblia do grego para o gótico. Da tradução de Ulfila chegou até nós somente uma parte do Novo Testamento, o famoso *Codex Argenteus,* escrito com tinta prateada em folhas de pergaminho cor púrpura; é o suficiente para nos permitir conhecer a língua dos godos melhor do que todas as outras línguas germânicas da época das invasões. Em seguida, esse intelectual helenizado voltou à sua pátria para servir como bispo em comunidades cristãs isoladas que já existiam no meio de seu povo; ali, a sua pregação, junto a muitos outros missionários provenientes do império, gerou um número crescente de novas conversões.

Mas qual versão do cristianismo Ulfila e os outros godos instruídos haviam levado consigo? A pergunta era crucial, e sua resposta pesaria sobre os destinos do povo godo ainda por muito tempo depois de Adrianópolis. Naquela época os cristãos, de fato, ainda não tinham chegado a um acordo sobre a definição da Trindade, sobre a natureza de Cristo, sobre as relações entre o Pai e o Filho, e encontravam-se divididos em correntes que brigavam ferozmente entre si. Ao final, triunfaria a corrente que chamava a si mesma de "católica", ou seja, "universal" ou também ortodoxa, isto é, "a verdadeira fé", conforme à qual, como reza ainda hoje o credo católico, Cristo é "gerado e não criado da mesma substância do Pai". Mas existia também uma opinião contrária, sustentada pelo teólogo Ário, segundo à qual Cristo fora criado pelo Pai e estava, portanto, subordinado a ele. Por razões como essas, havia quem, nos séculos IV e V, estivesse disposto a matar, e até a morrer. A teoria de Ário e de seus seguidores, os arianos, fora condenada como herética em um grande concílio convocado e presidido pelo próprio imperador Constantino, em Niceia, no ano 325; mas a Igreja ariana ainda era muito forte, principalmente no império do Oriente, e seus missionários eram os mais comprometidos com a conversão dos pagãos. Ulfila fora consagrado por um bispo ariano não ortodoxo; e os godos que seguiram sua pregação e a de seus alunos se converteram à nova fé dos arianos.

Quase dois séculos depois, na época de Teodorico e de Justiniano, esta escolha traria aos godos grandes problemas, levando-os a entrar em rota de colisão com o governo imperial; mas na época de Ulfila ninguém podia prever isso, pois no império, principalmente no Oriente, os arianos ainda eram muito fortes. Até mesmo alguns imperadores eram arianos, e retomavam as decisões do Concílio de Niceia para favorecer o episcopado ariano em sua competição, muitas vezes brutal, com o episcopado ortodoxo. Por outro lado, os godos convertidos ao cristianismo tiveram problemas com seus próprios patrícios, pois muitos chefes tribais eram hostis à nova religião. Nas regiões além do Danúbio, tem-se notícia de repetidas perseguições e de um grande número de mártires godos apedrejados, queimados na fogueira ou afogados por ordem dos seus próprios chefes, numa época em que já não havia mais perseguições contra os cristãos no Império Romano. No momento em que começa a história que queremos contar, os godos estavam no meio desse difícil processo de conversão ao cristianismo, o que acrescenta um elemento a mais a uma história que, por si só, já é bastante dramática.

5

Os godos que viviam nas estepes ao norte do Danúbio mantiveram um ótimo relacionamento com o Império Romano durante muito tempo, depois que Constantino firmara um tratado com seus chefes. No entanto, esse relacionamento se deteriorou muito rapidamente quando a dinastia de Constantino acabou, e para ocupar o trono imperial foram chamados novos homens com quem os godos não tinham nenhuma obrigação. Era o ano de 364 quando o exército, que tinha por hábito nomear os imperadores sem nem mesmo pedir o parecer do Senado, decidiu, após muitas discussões, aclamar como imperador um de seus generais, Valentiniano. Ao assumir o trono, Valentiniano pensou em nomear um colega e dividir o império em duas partes, a ocidental e a oriental. Esta era uma prática bastante comum, pois o império era imenso, e acontecia em geral quando o imperador, por alguma razão, encontrava-se longe, haviam estourado rebeliões nas províncias, ou algum general decidia usurpar o trono. Por isso, era conveniente ter dois ou mesmo três imperadores, cada um com uma área mais restrita para controlar. Valentiniano decidiu ficar com o Ocidente, onde combatera até aquele momento os germanos do Reno, e nomeou seu irmão, Valente, imperador do Oriente.

Com Valente entra em cena um dos protagonistas, talvez o verdadeiro protagonista trágico da história de Adrianópolis. Os dois irmãos eram muito diferentes. Valentiniano era duro, um general enérgico e afortunado, com grande capacidade de organização, que deu lições memoráveis aos bárbaros e estabilizou com sucesso as fronteiras ocidentais. É certo que era um provinciano, de família humilde, provavelmente não muito culto, como a maioria dos militares; mas era um grande político, muito intuitivo, e que tomava com naturalidade a decisão acertada. Foi graças a essas qualidades que Valentiniano, num império dilacerado por controvérsias religiosas, foi capaz de impor uma trégua e uma substancial tolerância, o que fez com que os pagãos, os cristãos católicos e os cristãos arianos conseguissem conviver sem se digladiar. Comparado com ele, Valente demonstrou uma personalidade menos brilhante: era o irmão mais novo, e vivera sempre à sombra de Valentiniano. Tinha 36 anos quando foi nomeado imperador do Oriente; nas moedas, é retratado como um homem um pouco gordo, de pescoço largo e sem queixo. O melhor cronista da época,

Amiano Marcelino, uma testemunha que a partir daqui encontraremos muitas vezes, confirma que Valente tinha as pernas um pouco tortas, uma barriguinha, e enxergava mal de um olho, embora fosse preciso aproximar-se dele para perceber isso. Porém, era uma pessoa honesta, e se entregou ao trabalho com muito boa vontade para não fazer feio perante o irmão. Marcelino observa, com certo desdém, que ele não estudara, e que era um pouco rude; porém, se empenhou para combater a corrupção, procurou reduzir os impostos, e no início conquistou uma boa fama. Investiu também em obras públicas, como o grande aqueduto que fornecia água à Constantinopla, do qual um trecho ainda se pode ver em Istambul: o aqueduto de Valente. E mesmo assim é difícil saber por que ele não agradava à população.

6

Talvez o motivo de tanta impopularidade residisse em uma peculiaridade do seu caráter, que o distinguia do irmão: Valente era um religioso fanático. Era cristão, mas ariano, e, ao invés de tentar apaziguar os conflitos, sua política conseguiu apenas exacerbá-los. Perseguiu os católicos fechando de maneira autoritária suas igrejas, e mandou para o exílio os bispos que tentavam resistir. Numa sociedade prestes a rachar por questões religiosas, como era a cristã do século IV, esta não era uma política sábia, e Valente pagou as consequências disso. Os súditos ortodoxos estavam descontentes, em várias grandes cidades a tensão era tão grande que Valente foi obrigado a retirar suas medidas e chamar de volta os bispos exilados. É claro que tudo isso não era bom para reforçar sua posição, e se tivesse de concorrer às eleições

Valente teria sido vencido com folga. Mas os imperadores romanos, como sabemos, eram nomeados por toda a vida, e a única maneira de se livrar deles era matando-os; assim, Valente permaneceu no poder, mas com a imagem desgastada pelos conflitos religiosos que não soube administrar.

O outro problema sério que ele teve de enfrentar desde o início foi exatamente o dos godos. Quando difundiu-se a notícia de que Valentiniano nomeara seu irmão imperador do Oriente, Procópio, um general que se encontrava em Constantinopla, rebelou-se e se fez proclamar imperador por seus soldados. Procópio tinha duas boas cartas na manga: controlava a capital e era parente da família de Constantino. Os chefes dos godos, nas estepes além do Danúbio, quando souberam o que estava acontecendo, decidiram que seu povo não estava ligado por tratado ao Império Romano, e sim a Constantino e à sua família: é claro que na mentalidade deles não estava muito presente o conceito abstrato de Estado, mas entendiam muito bem as ligações pessoais. Infelizmente para eles, porém, fizeram a escolha errada: mandaram bandos de guerreiros em apoio a Procópio, mas quando chegaram o usurpador já tinha sido derrotado e morto, e Valente estava no poder. O imperador vitorioso mandou prender todos esses guerreiros, e começou a negociar com os chefes dos godos a sua libertação; mas a negociação emperrou, Valente perdeu a pouca paciência que tinha e mandou vender todos como escravos. Nesse ponto, o velho tratado entre os godos e o império perdera todo o seu valor, e Valente decidiu logo reorganizar as coisas a seu modo. Atravessou o Danúbio com seu exército e começou a devastar minuciosamente o país para ensinar os bárbaros a ficarem em seu lugar. Não parece que tenha havido combates importantes, mas a estratégia da terra queimada dava um bom resultado, mesmo porque até aquele momento os godos tinham se acostumado a contar com os subsídios pagos pelos romanos, com as provisões gratuitas de trigo e com a possibilidade de manter relacionamentos comerciais com os mercadores vindos do império. Agora que, repentinamente, tudo isso fora interrompido, corriam o risco de morrer de fome. No final, seus chefes vieram implorar de joelhos a Valente para assinar a paz.

7

Era o ano de 369: faltavam ainda sete anos para o início da crise que se concluiria com a batalha de Adrianópolis. Não conhecemos o texto do tratado que Valente impôs aos godos derrotados e reduzidos à fome; porém, dispomos de um testemunho excepcional que nos permite saber como a propaganda imperial explicou aos súditos a linha política adotada em relação aos godos. Trata-se de um discurso pronunciado perante o imperador pelo retórico grego Temístio, um dos homens políticos mais influentes de Constantinopla, para louvá-lo por ter promovido a paz. Desse discurso aflorava uma ideologia, digamos, progressista e humanitária, que era muito popular na época entre os círculos dirigentes do império, e que revelava o outro lado da deliberada crueldade com que as tropas romanas conduziam suas operações em território inimigo.

Temístio, como quase todos os políticos do império, acreditava realmente que, com um pouco de empenho, os bárbaros poderiam ser civilizados e se tornar também um dia súditos do imperador: súditos úteis — o que, na linguagem da época, queria dizer, primeiramente, contribuintes fiéis. Portanto, Temístio louvava Valente, o qual, podendo exterminar os godos, preferiu poupá-los, e fez esta extraordinária comparação: "Nós nos preocupamos tanto em preservar as espécies animais, nos preocupamos que não desapareçam os elefantes da Líbia, os leões da Tessália e os hipopótamos do Nilo; portanto, temos de nos alegrar com o fato de ter sido salvo do extermínio um povo de homens, bárbaros conforme pensam alguns, mas, mesmo assim, homens."

Que entre as elites helenizadas do Império Romano existissem essas preocupações ambientalistas com os elefantes da Líbia e os hipopótamos do Nilo, nunca teríamos imaginado; mas o que nos interessa aqui é o aspecto humanitário com o qual o império, que pretendia dominar o mundo, propunha-se a civilizar os bárbaros; o genocídio, como alternativa, era uma opção perdedora, indigna de uma grande civilização. Podemos apostar que mais de um general pensava de maneira diferente; mas, oficialmente, não podia expressar suas opiniões a respeito. E não só porque o império se tornara cristão; a influência do clero não basta para explicar a penetração desses ideais humanitários em intelectuais como Temístio ou Libânio, que eram pagãos. O fato é que a ideologia do império se concentrava sempre mais abertamente em sua força de atração para toda a humanidade; a pressão dos bárbaros nas fronteiras também confirmava isso, e exigia dos imperadores uma demonstração de benevolência para com "aqueles povos que nunca tiveram a oportunidade de serem romanos", citando outro retórico da época. A integração devia ser encorajada, esta era a palavra de ordem, e os imperadores, em suas leis, se comprazim porque "muitos estrangeiros vieram ao nosso império perseguindo a felicidade romana".

8

Quando Temístio elogiava o imperador Valente por ter promovido a paz com os godos ao invés de matá-los, delineia-se aos nossos olhos a ideologia humanitária e universalista típica do tardo Império Romano. Podemos discutir, é claro, se eles acreditavam nisso realmente, ou se era apenas para encobrir um imperialismo sem escrúpulos — e não é somente no caso do Império Romano que se percebe esta incoerência entre os discursos repletos de nobres princípios e a brutalidade da práxis política. Mas, para entender o clima que antecedeu a batalha de Adrianópolis, é preciso lembrar desses discursos elegantemente construídos que ecoavam, em grego, nas salas do palácio imperial e do Senado de Constantinopla. "Hoje o imperador romano", dizia Temístio, "não é apenas o pai de um povo, e sim de toda a humanidade; sua função é reprimir a ousadia dos bárbaros, mas também protegê-los e guiá-los paternalmente, até se tornarem parte do império."

O modo concreto como os godos, após a paz de 369, podiam tornar-se parte do império, é um exemplo da distância entre os belos discursos e a realidade. Valente precisava de mercenários, porque pretendia fazer a guerra contra os persas. Por isso, como sempre havia sido feito no passado, começou a recrutar bandos de godos e a transferi-los para a fronteira da Mesopotâmia, aguardando reunir forças suficientes para começar a campanha. Para os godos havia, portanto, espaço no império, mas somente como mão de obra de um tipo muito especial: como bucha de canhão, diríamos hoje. E havia também outro tipo de ocupação ainda mais perversa. Depois das expedições punitivas de Valente, o território dos godos, além do Danúbio, encontrava-se devastado, e o novo tratado não era mais tão favorável como aquele de Constantino. Os subsídios e as provisões de trigo estavam suspensos, sanção que objetivava punir os godos por terem se rebelado e ensiná-los a obedecer no futuro. Até a possibilidade de manter relações comerciais com os mercadores romanos, tão importante para satisfazer a necessidade de luxo dos príncipes godos e para salvar seu povo da fome em caso de carestia, diminuíra em relação ao passado. No país dos godos, portanto, como acontece ainda hoje em qualquer país pobre atingido por sanções comerciais, vivia-se sempre pior. Era a situação ideal para os mercadores de escravos, que encontravam facilmente famílias destruídas dispostas a vender algum filho ou alguma filha: uma decisão que pode nos parecer impensável, mas que era tomada com frequência nas sociedades acostumadas à escravidão. Um fluxo de escravos godos começou então a penetrar no império, e eram tantos que chegavam a entupir os mercados e provocar a queda brusca dos preços. Citamos ainda o testemunho contemporâneo de um grande latifundiário africano que mais tarde se tornaria bispo cristão, Sinésio: "Qualquer família de renda média possui um escravo godo; em todas as casas são os godos que preparam a mesa, que se ocupam do forno, que transportam a ânfora; e, entre os escravos acompanhantes, aqueles que carregam nas costas os banquinhos dobráveis em que os donos podem sentar-se quando saem às ruas são todos godos."

CAPÍTULO IV
A EMERGÊNCIA DO ANO DE 376

1

Esta era a situação no outono de 376, quando se difundiram entre a população do Império Romano notícias terrivelmente inquietantes. Não eram notícias oficiais, não havia confirmação nenhuma e ninguém sabia quem as espalhara; porém, corriam de boca em boca e todos estavam assustados. Dizia-se que os bárbaros do Norte estavam se movimentando; e que ao longo de todo o curso do Danúbio, até o delta e o mar Negro, populações inteiras haviam sido expulsas de suas casas por algum cataclismo desconhecido e agora vagavam ameaçadoras ao longo da fronteira. Nas grandes cidades dos Bálcãs ou do Oriente Médio, isso era sussurrado em voz baixa, nas termas ou nos mercados, porque no Império Romano difundir notícias subversivas era um crime capital. Era óbvio que o governo não desmentia nem confirmava, pois o imperador estava acostumado a agir em segredo e respondia à opinião pública somente quando ele próprio achava apropriado; e era justamente isso o que aumentava a inquietação das pessoas. De fato, a propaganda oficial controlava a difusão das notícias, e quando se falava dos bárbaros do Norte era somente para anunciar novas vitórias; o público acabava sabendo que houvera uma guerra na fronteira do Danúbio somente quando o imperador proclamava que a guerra já havia acabado, e sempre com uma vitória dos romanos. Os boatos que circulavam agora, ao contrário, eram confusos, inconclusivos; as pessoas não sabiam o que pensar e estavam inquietas.

No palácio imperial, porém, sabia-se de algo mais. O imperador Valente, naquele momento, estava em Antióquia, na Síria, a duzentos quilômetros de distância da fronteira danubiana, preparando a guerra contra os persas; as notícias, até as que eram levadas pelos mensageiros oficiais, que trocavam os cavalos a cada estação postal, levavam semanas para chegar até ali. Isso também nos dá uma noção da imensidão do império e da dificuldade prática de governá-lo; portanto, entendemos muito bem porque, na impossibilidade de um imperador conseguir isso, estabelecera-se o hábito de compartilhar o poder. Mas, no final, as notícias chegavam de qualquer maneira. Valente e seus conselheiros podiam ter uma noção bastante clara daquilo que estava acontecendo na fronteira do Norte. A conclusão a que chegaram era de que a situação era muito menos preocupante do que o povo pensava. A ninguém ocorreu, de qualquer maneira, informar a opinião pública para tranquilizá-la: ah, se começassem a pensar que o imperador devia dar satisfação a seus súditos! Mas, no segredo do concistório — assim se chamava a reunião reservada dos ministros com o imperador —, Valente e seus conselheiros, além dos eunucos que governavam o palácio, e os generais da guarda imperial, não estavam nada preocupados.

2

O que havia acontecido, afinal, para pôr em movimento os bárbaros no Norte? Qual era o cataclismo que os expulsara de suas casas, empurrando-os como uma onda contra as margens do Danúbio? As notícias que tinham chegado a Antióquia eram bastante precisas e permitiam que o imperador tivesse uma ideia clara dos bastidores. Das estepes da Ásia vinha um povo novo, pouco conhecido, tanto que, quando ouviram falar dele pela primeira vez, os funcionários e generais romanos recorreram às bibliotecas para procurar informações; porém, tiveram de desistir, pois os antigos historiadores não contavam nada de útil sobre eles. Eram os hunos, que os romanos iriam conhecer muito bem nos cem anos seguintes; desde então, no entanto, as poucas informações que circulavam a seu respeito não eram nada tranquilizadoras. Sabia-se que tinham o hábito repulsivo de retalhar à faca as bochechas das crianças recém-nascidas, deixando cicatrizes que ficavam visíveis por toda a vida (um antropólogo reconheceria logo nessas marcas as cicatrizes ou tatuagens rituais praticadas por muitos povos primitivos, uma linguagem corporal repleta de valor sagrado e identidade). Mas os romanos não eram antropólogos e procuraram racionalizar essa prática: a explicação, segundo eles, era que os hunos não gostavam de barba, e retalhavam o rosto das crianças para impedi-la de nascer.

Igualmente repulsivo era outro hábito, tão lendário que é conhecido até hoje: os hunos teriam se alimentado de carne crua, após amaciá-la "entre suas coxas e o dorso dos cavalos", conforme escreve Amiano Marcelino, o primeiro a contar isso. A característica mais significativa dos hunos, no entanto, é que eram verdadeiros nômades das estepes asiáticas; não simplesmente um povo que possuía pouco e se mudava com facilidade, como os godos, mas nômades radicais que não entravam nas casas de alvenaria sem um pouco de medo e repugnância, como se entrassem numa tumba. Eles não conheciam outras habitações a não ser barracas e carros, e na prática viviam a cavalo. No relato de Amiano Marcelino aflora todo o espanto do homem sedentário que identifica a civilização com a cidade e com a agricultura, do romano para quem a identidade de um homem — e este é um traço profundamente típico da mentalidade antiga — depende de seu lugar de origem, de maneira que os pastores nômades encarnam um modo de vida incompreensível. "Eles parecem", diz Amiano, "pessoas em fuga permanente sobre os carros em que vivem; ali, suas mulheres tecem suas esquálidas roupas, cruzam com seus homens, parem, criam seus filhos até a puberdade. Nenhum deles saberia dizer de onde é originário, pois foi concebido alhures, nasceu longe e cresceu num outro lugar." Um povo assim dificilmente podia ser chamado de humano pelos romanos; entendê-los era impossível, porque seus valores eram muito diferentes, e, além do mais, os romanos achavam que os hunos não tinham valor algum a não ser a ganância do ouro: "Eles não distinguem", conclui Amiano Marcelino, "o bem do mal, assim como os animais desprovidos de razão."

3

O hábito da vida nômade que tornava os hunos tão incompreensíveis aos olhos dos romanos fazia deles, porém, um inimigo temível, capaz de se deslocar com grande velocidade, aparecer de surpresa onde ninguém esperava, travar batalhas ou rejeitá-las a seu bel prazer. Os hunos combatiam a cavalo, usavam laços que envolviam os adversários e lanças com ponta de osso, sempre segundo Amiano, que se compraz em representá-los como primitivos, mesmo tendo os arqueólogos encontrado em suas tumbas e nos esqueletos de seus inimigos ótimas pontas de flecha feitas de ferro. Em suma, os hunos eram o tipo de inimigo móvel do qual os romanos desconfiavam e com quem sempre tinham se encontrado em desvantagem. No palácio de Valente, portanto, ninguém se espantou quando chegou a notícia de que os godos, aterrorizados pela aparição desse povo em suas terras longínquas, não tinham conseguido resistir. Os hunos transpuseram um rio depois do outro, o Don, o Dniepre, o Dnestr, e onde chegavam massacravam todos, homens, mulheres e crianças, de modo tão feroz e tão sistemático que um autor antigo descreveu a situação quase como um genocídio.

Sobre a proveniência e a natureza dos hunos, os godos não sabiam muito mais que os romanos; mas logo, durante suas vigilâncias noturnas, começou a circular uma lenda que bem demonstra o terror que os nômades haviam provocado entre eles. Segundo ela, que ainda era contada dois séculos depois, em um passado distante um chefe godo, Filimero, descobrira entre seu povo algumas bruxas, que eram chamadas, em língua gótica, de *Haliurunnae*. Expulsas da tribo e obrigadas a vagar pelas estepes, as bruxas haviam "cruzado" com espíritos do mal, habitantes daqueles lugares desertos, e dessa união monstruosa nascera uma raça ainda mais monstruosa, humana somente pela metade: os hunos.

Acossadas por esse inimigo assustador — os rapidíssimos hunos, que se deslocavam a cavalo, agrediam os vilarejos ao alvorecer e não faziam prisioneiros, apenas levavam, às vezes, as mulheres jovens como escravas —, as aterrorizadas populações godas fugiram. Após colocarem seus pertences nos carros, começaram a marchar em direção ao sul, em comboio, com as mulheres, as crianças e o rebanho remanescente. É certo que os godos eram também um povo guerreiro, e algumas vezes tentaram resistir e enfrentar os hunos em campo aberto, mas o resultado foi sempre desastroso. Os príncipes godos, um após o outro, foram derrotados, e seu povo ia se juntando à multidão dos fugitivos. Finalmente, depois de terem vagado durante meses, todos esses refugiados, debilitados e com fome, acamparam às margens do Danúbio, na frente dos postos da guarda romana.

Por sorte, os hunos estavam ainda muito longe, e como estavam sobrecarregados por um imenso butim, provavelmente não teriam avançado até ali; mas todo o país dos godos estava devastado e reduzido ao abandono, os campos não haviam sido semeados, as casas encontravam-se abandonadas ou queimadas. Os fugitivos não tinham a possibilidade, nem a vontade, de voltar atrás para morrer de fome numa terra amaldiçoada. Eles sabiam que para além do Danúbio havia um imenso império, rico e civilizado, onde era fácil encontrar trabalho, e poderiam assim pedir para deixá-los entrar. Foi isso que os chefes godos explicaram aos oficiais romanos que vieram informar-se sobre as suas intenções, nos acampamentos improvisados onde se amontoavam milhares de fugitivos; e esse foi o relato que chegou algumas semanas depois a Valente, na longínqua Antióquia. Os oficiais que comandavam os postos de guarda o haviam transmitido aos governadores militares das províncias fronteiriças, e estes, por sua vez, o haviam reportado ao imperador, pedindo instruções urgentes: o que fazer com toda aquela gente?

4

Nós não temos as atas das discussões que ocuparam os conselheiros de Valente quando tiveram de decidir qual resposta dar ao pedido de acolhida dos fugitivos godos. Temos somente uma reconstrução feita por Amiano Marcelino, na qual, naturalmente, não podemos confiar muito. Amiano não estava no concistório, e, além do mais, ele escreve alguns anos depois, quando tudo já terminara, e muito mal; portanto, ele não era uma testemunha objetiva. Porém, os argumentos que, segundo ele, foram apresentados naquela discussão e que, no final, impeliram o imperador a tomar uma decisão, nos parecem dignos de confiança, pois correspondem perfeitamente à uma praxe política consolidada. O império necessitava de mão de obra, isso todo mundo sabia. Era próspero mas pouco povoado em relação à sua imensa extensão. Em toda parte havia províncias inteiras despovoadas, até mesmo desertificadas, principalmente aquelas onde a terra não era boa e não valia a pena cultivá-la por causa do peso esmagador dos impostos. O patrimônio público, isto é, o Estado, possuía enormes latifúndios, mas com frequência não tinha mão de obra suficiente para cultivá-los, sendo portanto obrigado a alugá-los a baixo preço para empresários que os exploravam apenas para ganhar dinheiro.

Em suma, havia grande necessidade de mão de obra, de gente capaz de trabalhar duro e contentar-se com pouco, e os godos, embora bárbaros, eram camponeses, habituados ao trabalho no campo. Seus chefes pediam terras na Trácia para estabelecer seus homens e viver em paz, e havia muitas maneiras de ajudá-los: podia-se dar diretamente aos chefes terras públicas, ou de alguma forma abandonadas e confiscadas; podia-se doá-las, ou alugá-las com contrato vitalício sob condições muito favoráveis, e caberia aos chefes distribuí-las entre seus homens; ou então podia-se assentar as famílias nos latifúndios, como colonos. O Direito romano estava elaborando havia tempo a figura do colono, que não é um escravo, é um homem livre, porém obrigado por lei a ficar vinculado ao cultivo da terra. O colono, que será depois chamado de servo da gleba, em geral associado por engano à Idade Média, é, na realidade, uma figura jurídica típica do tardo Império Romano. Para os fugitivos, essa não era uma solução tão vantajosa quanto a outra, mas, como estavam morrendo de fome, não podiam se dar ao luxo de ditar condições.

Além disso, o imperador também precisava levar em consideração outra necessidade, ainda mais urgente: a dos conscritos para o exército. Acolher os godos no império significava ampliar a capacidade de alistamento, poder escolher entre uma multidão de homens jovens, no auge de suas forças, acostumados a combater; e para cada godo alistado num regimento imperial podia-se exonerar, mediante pagamento, um conscrito nacional. A vantagem era evidente para todos: para o exército, para o Tesouro público, e também para a opinião pública das províncias, que suportava mal o peso do alistamento e não gostava de ter de retirar homens dos campos para mandá-los servir ao imperador. Os conselheiros de Valente esfregavam as mãos de felicidade: a multidão de bárbaros se matando nas fronteiras não era um perigo; ao contrário, era a fortuna enviada por Valente.

5

Os godos já estavam acampados havia muito na margem do Danúbio, sob uma chuva incessante que fazia subir cada vez mais o nível do rio, quando finalmente chegaram de Antióquia as instruções do imperador. A resposta de Valente foi a que os chefes esperavam: os fugitivos seriam acolhidos em paz. Do outro lado do rio, esperava-os o socorro humanitário, e depois moradia e trabalho. Os enviados do imperador possuíam instruções precisas para organizar, em primeiro lugar, a travessia de toda aquela multidão para a margem romana do rio, pois não havia pontes sobre o Danúbio; ao longo de todo o curso do imenso rio existira apenas uma única ponte de pedra, construída por Constantino cinquenta anos antes justamente para que os godos tivessem consciência do alcance do braço romano; e como era fácil para as legiões, se eles não se comportassem bem, entrar em seu país. Mas, na época da qual falamos, a ponte já fora destruída, portanto era necessário organizar o transporte por sobre a água. E isso a administração romana sabia fazer bem, utilizando-se da competência do exército. Em toda parte, então, foram confiscadas as embarcações dos pescadores, construíram-se balsas e pontes improvisadas, e iniciaram-se as operações de travessia.

A travessia do rio continuou durante muitos dias, ou talvez até semanas, tamanha era a multidão. Amiano Marcelino, ao refletir sobre isso, fica possesso ao pensar que tinham sido feitos tantos esforços para ajudar a entrar no império aqueles que, depois, se revelariam inimigos mortais. A linguagem que ele usa é reveladora: para ele os godos eram uma *plebs truculenta*, uma multidão de maltrapilhos perigosos; e "nos empenhamos tanto", diz ele, "para que não ficasse para trás nem sequer um daqueles que depois subverteriam o Estado romano; nem mesmo os moribundos eram deixados para trás". A travessia de homens, mulheres, crianças e cavalos acontecia dia e noite, incessantemente, utilizando-se de todo tipo de embarcações e até mesmo de troncos de árvores cavados; o que, entre outras coisas, nos faz lembrar do atraso técnico do mundo romano, tão contrastante com sua capacidade de organização e seu refinamento intelectual.

Para a multidão que do outro lado do rio esperava sua vez, sempre temendo que os hunos aparecessem de repente às suas costas, a tensão deve ter sido altíssima; e, como em todas as operações humanitárias de grande porte levadas adiante em situações de emergência, não faltaram desdobramentos trágicos. O Danúbio é, por si só, um rio perigoso, e naquele momento estava cheio pelas fortes chuvas; inúmeras embarcações viraram, muitos pelo desespero tentaram passar a nado e sabe-se lá quantos se afogaram. Mas, de qualquer maneira, o desembarque não parava, dia e noite. Os funcionários encarregados de acolher os refugiados haviam disposto na margem do rio alguns escrivãos com a função de transcrever os nomes de todos aqueles que chegavam. A administração queria ter em mãos uma lista completa para calcular o número de imigrantes a serem assentados. Mas as operações da travessia aconteciam no meio de tamanha confusão, e passava tanta gente com meios improvisados que, no final, os encarregados não conseguiram mais fazer a conta, e pararam de tentar.

6

Além do relatório da travessia dos godos deixado por Amiano Marcelino, possuímos também outro relatório, escrito em grego, de um historiador chamado Eunápio. Sobraram apenas alguns fragmentos de sua obra, mas, por sorte, um deles descreve exatamente o fato. Sua descrição é muito parecida em essência à de Amiano, o que é de grande significado para nós, pois são dois autores que não se conheciam; portanto, a semelhança das descrições permite-nos concluir que as coisas devem ter acontecido mais ou menos conforme contaram. Eunápio inclui um impressionante episódio em que guerreiros godos, de sua margem do Danúbio, com os braços estendidos em direção à margem romana, contaram a tragédia de seu povo e pediram para serem acolhidos, comprometendo-se em troca a prestar serviço no exército romano. Ora, pode bem ser que, na outra margem do Danúbio, a uma distância de vários quilômetros e com a correnteza do rio no meio, não fosse fácil ouvir, e que este detalhe tenha sido inventado; mas Eunápio não o reporta por acaso. Na sua versão dos fatos, o governo imperial teria decidido acolher os fugitivos apenas para reforçar o exército, e, por isso, Valente deu ordem para deixar passar em território romano somente os homens, depois de tê-los desarmados.

Tomada ao pé da letra, a versão de Eunápio é bastante inverossímil, até porque os godos não teriam aceitado condições desse tipo; mas o historiador grego tem razão quando chama nossa atenção para outro aspecto da situação, que nos auxilia a entender melhor as motivações de Valente. No ano anterior, morrera o mais velho dos dois imperadores, Valentiniano, e o poder sobre o Império do Ocidente foi repartido entre seus dois filhos, Graciano e Valentiniano II. A sucessão de um imperador era um momento delicado, no qual podia acontecer de tudo, rebeliões ou tentativas de usurpação. Valente mantivera um bom relacionamento com o irmão, mas certamente não podia confiar da mesma maneira nos sobrinhos; portanto, é legítimo acreditar que, num momento como aquele, o imperador tenha sido atraído pela oportunidade de recrutar em seu exército um grande número de guerreiros godos.

Também é digno de confiança outro episódio que Eunápio conta com indignação: enquanto ainda se esperava a resposta do imperador, alguns grupos de godos, os mais audazes e ativos, tinham tentado atravessar o rio clandestinamente, mas foram interceptados e aniquilados sem piedade pelas patrulhas romanas. Quando os enviados de Valente chegaram ao local com a notícia de que os godos não deviam ser considerados inimigos, mas antes um recurso precioso, os oficiais que haviam reprimido aquelas tentativas de imigração clandestina foram removidos da função e postos sob inquérito. Eunápio está furioso ao contar esse episódio, mas compreende muito bem seus bastidores: os políticos tinham suas razões para se mostrarem tolerantes com os refugiados, e não tinham nenhuma intenção de deixar os militares enfrentarem o problema à sua maneira.

7

A narrativa de Eunápio confirma que a passagem dos refugiados na margem romana do rio aconteceu em meio à maior confusão, e acrescentou outros detalhes reveladores sobre a ilegalidade difusa e sobre os abusos dos funcionários e dos militares romanos que administravam as operações. A ordem era para deixar passar primeiro os rapazes, que ficariam como reféns, e depois os homens adultos, mas somente após estarem desarmados; no entanto, a corrupção era tamanha que muitos godos se viram obrigados a dar propinas para conseguir levar consigo as armas e as famílias. Muitos outros fugitivos, principalmente mulheres e rapazes, foram liberados para passar a fronteira por funcionários ou por militares que pretendiam levá-los para casa como escravos. "Simplesmente, todos haviam decidido", diz Eunápio, "encher suas casas de empregados e suas quintas de pastores, aproveitando-se da situação para saciar todas as suas vontades." E não é difícil imaginar que essa operação, que, na teoria, deveríamos chamar de humanitária, levada adiante em uma afastada região, longe dos olhos do governo, nas mãos de burocratas corruptos e de militares brutais, sem meios de comunicação de massa capazes de mantê-la sob controle e sem uma opinião pública à qual responder, tenha sido realmente conduzida de maneira inquietante.

Mesmo assim, dia após dia, os fugitivos continuavam a passar, e acampavam na margem romana do Danúbio em número tão maior do que o previsto que ninguém sabia bem o que fazer. As instruções do imperador diziam que era preciso transferi-los para regiões pouco populosas e distribuir para eles terras aptas ao cultivo, de modo que pudessem se manter sozinhos. Mas, para isso, é claro que precisariam de tempo; e, de fato, as ordens vindas de Antióquia eram para que, no período inicial, as autoridades locais fornecessem alimentação a toda aquela gente. Dessa maneira, foi surgindo na margem do rio um imenso campo de refugiados, vigiados por militares romanos e alimentados com rações de comida distribuídas pelo exército; nada além disso podia ser feito naquele momento, e a cada dia chegava mais gente. Parecia que a chegada de refugiados não teria fim; e, na realidade, eles de fato continuavam a chegar na margem oposta. A notícia de que as fronteiras estavam abertas e que os próprios romanos faziam o transporte dos imigrantes para sua margem do rio se espalhara como o vento, e todos queriam aproveitar a situação. Em determinado momento, porém, as autoridades alarmaram-se. Quando novos chefes, encabeçando comboios bem organizados, se apresentaram na fronteira apelando por ajuda humanitária, ouviram como resposta que não havia mais lugar. Na margem setentrional do rio, portanto, começou a acampar uma multidão irrequieta, descontente e sempre mais hostil ao incompreensível império que, de repente, recusava-lhe o acesso. As embarcações romanas haviam interrompido as operações de transporte, e agora patrulhavam o rio para impedir desembarques clandestinos.

8

Também entre os imigrantes já aceitos a situação estava se deteriorando, principalmente pela delicada insuficiência das estruturas de acolhida. Os campos de refugiados estavam superlotados, as condições de higiene eram desastrosas, as rações preparadas pelo exército eram suficientes apenas para que não morressem de fome. A única coisa a fazer seria começar a enviá-los para o interior, como previam as instruções imperiais; mas os generais romanos que comandavam no local, o duque Máximo, comandante das tropas de fronteira, e o conde Lupicínio, governador militar da Trácia, não tinham pressa. Os dois logo perceberam que poderiam lucrar muito com as rações alimentícias fornecidas aos refugiados; e não é de se espantar, porque a corrupção era endêmica no Império Romano: sem propina não se fazia nada, e o sistema inteiro das licitações e de abastecimento do exército sempre oferecia possibilidades ilimitadas de ganhos sujos. O negócio da distribuição das rações para os refugiados era muito bom para que terminasse logo. Não importa se à força de subornos, o pouco que chegava realmente aos campos era insuficiente para alimentar toda aquela gente, aliás, melhor assim, porque era sempre possível revender sem nota àqueles desesperados a comida que deveriam ter recebido gratuitamente. No final, as condições de vida nos campos eram de tal ordem que os godos estavam dispostos a ceder seus próprios filhos como escravos em troca de comida, apesar de ela estar reduzida somente a um pouco de vinho ruim e de pão péssimo; os romanos chegaram a vender-lhes até mesmo cães, e os godos aceitavam comprá-los para comê-los.

Por fim, a situação tornou-se inadministrável, e Máximo e Lupicínio começaram a ter medo de serem denunciados;

os chefes godos reclamavam abertamente que os subsídios prometidos não chegavam e a situação tornava-se a cada dia mais perigosa. Então Lupicínio decidiu executar, finalmente, as ordens do imperador, e encaminhou os refugiados para o interior, onde a administração estava preparando, a toque de caixa, as zonas de assentamento. Os chefes, que, apesar de tudo, ainda confiavam nas promessas recebidas, ordenaram à sua gente para aprontar os carros, e o comboio se pôs em marcha. Todos os destacamentos militares disponíveis haviam sido deslocados para escoltá-los ao longo da estrada, porque seu estado de ânimo era tal que se temiam incidentes, enquanto a população civil não manifestava muito boa vontade com relação a essa multidão de bárbaros que atravessava o país. Mas, na realidade, a situação estava já fugindo do controle; Valente, em Antióquia, não fazia ideia nenhuma disso e, provavelmente, nem Lupicínio e Máximo davam conta dela. Para escoltar o comboio em sua mudança para o interior, mudança que precisaria de várias semanas de marcha, os postos de guarda ao longo do rio haviam sido desguarnecidos, e as embarcações militares haviam interrompido o patrulhamento. Mas do outro lado do Danúbio havia ainda uma enorme multidão de refugiados, que, tendo chegado tarde demais para poder passar, tiveram o acesso negado, e permaneciam acampados ali, cheios de ressentimentos. Assim que os soldados se retiraram, toda essa multidão de godos atravessou ilegalmente o rio em balsas improvisadas, e começou a acampar em território romano sem pedir permissão a ninguém.

9

A transferência dos refugiados godos através da Trácia começou em um pesadíssimo clima de tensão. Os bárbaros eram dezenas de milhares, uma multidão imensa de refugiados, em parte civis, em parte guerreiros armados; todos com muita expectativa em relação às promessas recebidas, mas também exasperados pelo tratamento obtido até então e desconfiados das excepcionais medidas de segurança tomadas pelas autoridades romanas. Os soldados os escoltavam sem perdê-los de vista, mas também estavam nervosos e cheios de desconfiança, até porque não eram suficientemente numerosos para opor resistência se os bárbaros se rebelassem em massa. Um dos chefes das tribos, Fritigerno, conquistara o status de líder perante toda a multidão dos refugiados; segundo Amiano Marcelino, Fritigerno já percebera que a atmosfera era pesada, e sabia que outros chefes haviam atravessado o rio ilegalmente; portanto, ele se esforçou para atrasar o máximo possível a marcha, de modo que, em caso de dificuldade, até mesmo os imigrantes ilegais pudessem alcançá-lo e se juntar a ele.

Mas, talvez, nem se deva pensar que Frigiterno fizera isso de propósito. A marcha do comboio, com todas aquelas famílias sobre os carros puxados por bois — pelo menos dois ou três mil carros, e talvez até mais —, e com todas as dificuldades de abastecimento que podemos imaginar, devia ser lenta e cansativa. Depois de alguns dias, entretanto, a vanguarda do comboio avistou as muralhas de uma grande cidade, Marcianópolis, hoje Devnja, na Bulgária. Marcianópolis, que era o primeiro centro urbano importante que muitos godos haviam visto em suas vidas, ficava no meio de uma região fértil, cheia de campos para cultivar e de pastos para o gado. Provavelmente os refugiados pensaram ter chegado na região onde receberiam casas e terras, conforme as ordens do imperador. Após as privações da marcha, estavam famintos e em péssimas condições físicas; portanto, esperavam no mínimo serem alojados na cidade e receber as rações que haviam sido prometidas.

Na realidade, porém, em Marcianópolis não havia nada pronto. As autoridades locais não haviam preparado nada e esperavam somente que todos aqueles refugiados seguissem seu caminho o mais rápido possível; além disso, a população da cidade estava aterrorizada e não tinha nenhuma intenção de confraternizar com eles. Os godos acreditavam que tinham se tornado súditos do imperador, e estavam dispostos a obedecer às suas ordens; mas, como estavam morrendo de fome, pediram para pelo menos entrar na cidade para comprar o que comer; a população, porém, recusou-se a abrir as portas. Os godos, furiosos, tentaram entrar à força, os soldados da escolta intervieram, e aí ocorreram os primeiros confrontos; nessa hora, constatou-se aquilo que os generais romanos deveriam saber desde o início: havia poucos soldados para vigiar toda aquela multidão. Os godos então os dominaram, e, já esperando o pior, espoliaram os mortos e se apoderaram de suas armas.

10

Enquanto fora das muralhas de Marcianópolis eclodiam os primeiros incidentes, o conde Lupicínio, que era a máxima autoridade romana da província, responsável pessoalmente pela transferência dos godos, oferecia um banquete na cidade aos chefes das tribos godas, entre os quais Fritigerno. É impossível dizer se Lupicínio era realmente tão incompetente, além de corrupto, para não perceber que estava pondo tudo a perder, mas não seria de se espantar, pois a incompetência existe em todas as épocas. De certo modo, não havia de fato nada de estranho naquele banquete, visto que os chefes godos estavam ali com a autorização do imperador, e era com eles que Lupicínio devia organizar a transferência de sua gente para assentá-la nas novas sedes; a colaboração entre as cúpolas das autoridades romanas e dos chefes bárbaros era indispensável para o sucesso das operações, que era a maior acolhida de imigrantes já tentada pela administração imperial. Mas pode ser também que Lupicínio fosse menos incompetente e mais corrupto do que pensamos, e tivesse decidido desde o início que, em caso de dificuldades, a parada em Marcianópolis serviria pelo menos para se livrar dos chefes bárbaros, na esperança de que, com a retirada deles de cena, o restante dos godos debandaria. É triste a história que se segue, uma daquelas que deu ao Baixo Império sua sombria fama, na época, de cruel e imoral.

Enquanto Lupicínio e os chefes das tribos estavam no banquete, fora da cidade os godos já tinham começado a se rebelar e a matar os soldados que tentavam submetê-los à obediência. Amiano Marcelino, nosso informante de sempre, retrata Lupicínio numa página memorável. No momento em que alguém veio avisá-lo, em segredo, o que estava acontecendo, "ele estava", diz Amiano, "deitado já havia muito tempo em uma farta mesa, em meio a ruidosos divertimentos, encharcado de vinho e de sono". Porém, reagiu rapidamente. Continuou a beber com os chefes godos, enquanto seus homens, nos corredores do palácio, eliminavam sem barulho todos os guardas que esses chefes tinham trazido. Logo em seguida, no entanto, Lupicínio deixou escapar o momento propício; talvez devesse, simplesmente, ter tido a coragem de mandar degolar também os chefes, o que não fez. Os godos, fora das muralhas, percebendo que seus príncipes não voltavam, começaram a tumultuar ainda mais, tentando entrar na cidade à força; nesse momento, Lupicínio perdeu a cabeça. Fritigerno e os outros, que deviam estar também acabados de tanto beber, entendendo enfim que havia algo errado, enfrentaram Lupicínio e, dissimulando, disseram-lhe que houvera um desentendimento; que, com certeza, seus homens lá fora acreditavam que acontecera alguma coisa com os chefes; que, para evitar um desastre, precisavam correr para fora e mostrar que não havia acontecido nada, acalmando assim as pessoas. Lupicínio não teve coragem para impedi-los e os deixou ir. Assim que saíram, Fritigerno e os outros viram que a situação estava sem controle e não havia mais nada a fazer. Subiram então em seus cavalos, e, sob os gritos de entusiasmo dos seus homens, após dizerem que os romanos tinham quebrado os pactos, declararam guerra.

CAPÍTULO V
EXPLODE A GUERRA

O TEATRO DA GUERRA, 376-378
(Entre parênteses, nome atual)

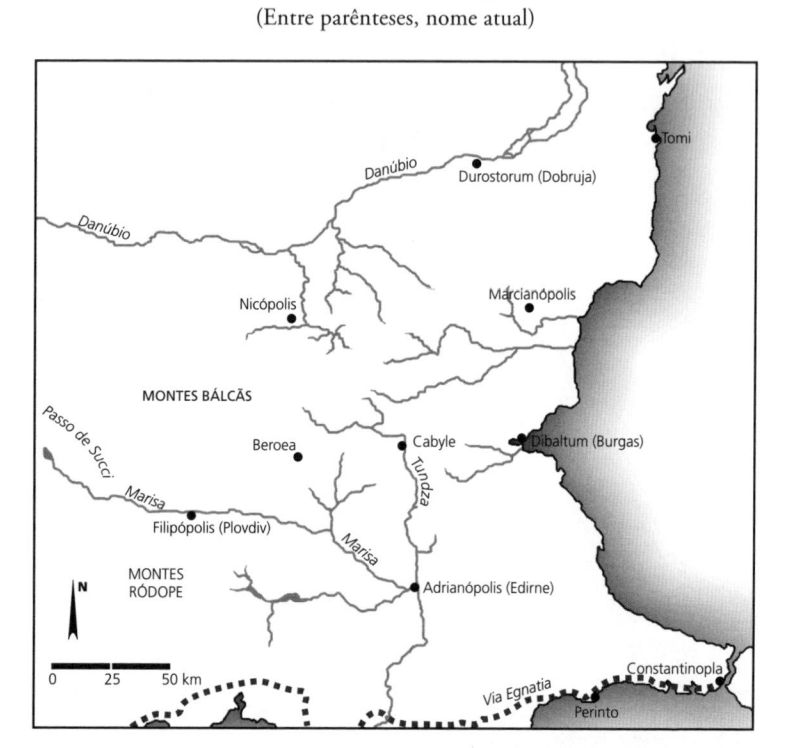

1

A rebelião dos godos se abateu sobre os arredores de Marcianópolis como uma catástrofe. Os guerreiros estavam enfurecidos pela traição sofrida, e precisavam alimentar suas famílias. Em bandos, logo conseguiram cavalos e exploraram aquelas terras e outras mais distantes, ateando fogo nas fazendas, matando os camponeses e roubando. Lupicínio era o comandante militar da província e cabia a ele enfrentar a emergência; poderia ter recorrido ao imperador e pedido sua intervenção, mas decidiu que era capaz de administrar sozinho a situação — e é claro que para sua carreira era muito melhor contar para Valente que liquidara a rebelião do que pedir reforços. Por isso, reuniu apressadamente todas as tropas que tinha a seu dispor e saiu em aberta campanha para iniciar a batalha, induzindo todos os generais romanos a fazerem o mesmo; eles eram tão seguros de sua superioridade sobre os bárbaros que nunca recusavam um combate.

É difícil estabelecer com certeza quantas tropas Lupicínio conseguiu reunir. Numa província grande como a Trácia, uma das doze dioceses em que era subdividido o império, talvez houvesse 25 mil homens em tropas móveis de plantão nas cidades do interior, e outros tantos "limitâneos", isto é, os destacamentos distribuídos nos postos de fronteira ao longo de todo o baixo curso do Danúbio. Mas os "limitâneos" não podiam ser retirados de seus postos avançados sem colocar em perigo a sobrevivência do império, então não podemos levá-los em conta. Com relação às tropas móveis, não se tem certeza de que os contingentes previstos na teoria existissem realmente no exército; de qualquer forma, os regimentos encontravam-se espalhados em muitas cidades, distantes até mesmo centenas de quilômetros uma da outra. Sabemos que Lupicínio agiu com rapidez para liquidar o problema, antes que se tornasse muito complicado e que as notícias desagradáveis chegassem aos ouvidos do imperador. Muito provavelmente, ele juntou apenas os regimentos aquartelados em Marcianópolis e os destacamentos fronteiriços que haviam acompanhado o comboio até ali, ou melhor, aquilo que restava deles depois da rebelião dos refugiados. Feitas as contas, não deve ter conseguido juntar mais de cinco ou seis mil homens; mas eram tropas profissionais com equipamento pesado produzido em série nas fábricas estatais.

Naquela época, o exército romano não combatia mais com o *pilum* e o *gladius*, a lança e a espada curta dos legionários de César; as armas principais do soldado, então, eram a lança comprida de até dois metros e meio e a espada longa ou *spatha*, armas mais adequadas para uma forma de combate em formação fechada, semelhante àquela da antiga falange macedônica. O escudo de madeira também era redondo ou oval, e a loriga segmentada, a tradicional armadura feita de lâminas de metal, fora substituída pela cota de malha de ferro, mais prática e mais fácil de produzir. Cada soldado levava consigo pequenas lanças de modelo diferente do *pilum*, e pequenas flechas de chumbo; na prática, porém, o combate a distância estava a cargo principalmente dos arqueiros, que formavam regimentos completos, recrutados em geral no Oriente. Na parte externa, somente o elmo de aço lembrava ainda, no modelo, os legionários dos velhos tempos, mas o profissionalismo e a disciplina do exército regular ainda eram os mesmos de outrora.

É impossível dizer quantos homens Fritigerno possuía para enfrentar Lupicínio, mas provavelmente eram mais numerosos, algo em torno de sete ou oito mil combatentes, e talvez mais ainda se a ele já tivessem se juntado os refugiados ilegais que haviam atravessado o rio de forma clandestina depois que os romanos relaxaram a vigilância. O número total de refugiados, com certeza, era muito mais alto, chegando a muitas dezenas de milhares de pessoas; mas grande parte não era combatente, como mulheres, velhos, doentes e, principalmente, crianças. Os godos haviam atravessado o rio muito mal equipados; como todos os bárbaros, eram pobres; a maioria dos guerreiros possuía somente uma lança e um escudo de madeira, sendo que o elmo e a espada constituíam um equipamento precioso, reservado aos chefes. Alguns, mas não muitos, tinham se armado despindo os romanos mortos durante os incidentes ocorridos em Marcianópolis. Feito o balanço, Lupicínio podia esperar vencer.

2

No entanto, ele não o conseguiu. E aquele foi realmente o momento decisivo de toda esta história, porque a revolta apenas se iniciava e os godos deviam estar, mais que tudo, assustados com o que haviam feito. Se o exército romano tivesse demonstrado que podia retomar o controle da situação, talvez tudo tivesse terminado ali. Ao contrário, Lupicínio, além de não ter conseguido reparar a situação, sofreu um desastre de tal monta que acabou comprometendo-a para sempre. É difícil dizer por que foi assim. Talvez os godos fossem mesmo muito numerosos, talvez o desespero tenha lhes dado uma energia adicional, que os romanos, embora fossem soldados profissionais, não tinham; o fato é que, quando avistou o inimigo, a poucos quilômetros ainda de Marcianópolis, Lupicínio alinhou suas tropas em ordem de batalha e esperou, certo de poder repelir o ataque dos bárbaros; mas este foi desferido com tanta violência que, com o tempo, o alinhamento romano começou a recuar, e depois a esfacelar-se, enquanto a maior parte dos soldados era massacrada na debandada. A essa altura, Lupicínio já tinha fugido para ficar a salvo atrás das muralhas de Marcianópolis.

Sabemos bem pouco sobre como se desenvolveu concretamente o combate; o único detalhe que chegou até nós é que os godos atacavam usando seus escudos de madeira, empurrando-os para cima dos inimigos, e utilizando-se também do umbonado, a guarnição de ferro ou de bronze que fica no meio do escudo e que, às vezes, por ser muito saliente e pontiaguda, também podia se tornar uma arma de ataque; sabemos também que os godos usavam as lanças e as espadas — quem as tivesse — para desferir golpes nos vãos entre os escudos. Mas talvez a verdade seja, simplesmente, que eles eram muito mais numerosos do que Lupicínio calculara, e no final a primeira linha dos legionários não resistiu. À noite, os godos percorreram o campo de batalha pegando as armas dos mortos; e se é verdade que grande parte da força reunida por Lupicínio morrera em campo, havia material de sobra para equipar com elmos, espadas e cotas de boa qualidade muitos guerreiros godos.

Não sabemos se Fritigerno parou para refletir sobre a situação; veremos mais à frente que, do ponto de vista intelectual, ele não era efetivamente um "bárbaro", e sabia raciocinar bem sobre questões estratégicas; portanto, é provável que, depois de ter festejado, tenha parado para refletir. Duas coisas parecem evidentes: uma, que após tamanho massacre, os godos haviam queimado todas as pontes atrás deles, impossibilitando seu retorno; a outra, que já tinham se apoderado da Trácia, ou pelo menos de sua área rural. Nenhuma das guarnições romanas abrigadas nas grandes cidades era forte o bastante para enfrentá-los, e enquanto o imperador, em Antióquia, não decidisse o que fazer, ninguém seria capaz de impedir seus movimentos ou de impedi-los de assolar o país.

3

Depois da revolta dos godos e da derrota de Lupicínio em Marcianópolis, há uma pergunta crucial e bastante inquietante que as autoridades romanas não podem ter deixado de se fazer: o que fariam os bandos de mercenários godos que nos últimos tempos haviam chegado em grande número no império devido à guerra que Valente estava preparando contra a Pérsia? Manter-se-iam fiéis ao governo que os acolhera e os pagava, ou responderiam ao chamado étnico, rebelando-se e ajudando os refugiados? Por sorte, a maior parte desses bandos estava já aquartelado além dos montes da Anatólia, próximo à fronteira mesopotâmica, e pode até ser que a notícia não tenha sequer chegado até eles, a não ser de forma censurada e com muito atraso. Dois chefes godos, porém, já a serviço de Valente durante muitos anos, haviam sido aquartelados com seus homens justamente na Trácia, com a missão de fazer a guarda dos acampamentos invernais do exército, perto de outra grande cidade da região, Adrianópolis. A Trácia é grande, e Adrianópolis dista muitas centenas de quilômetros das províncias fronteiriças por onde haviam penetrado os outros godos; de qualquer maneira, é claro que, mais cedo ou mais tarde, os mercenários ali acampados devem ter ficado sabendo algo do que estava acontecendo.

As autoridades municipais de Adrianópolis não estavam nada satisfeitas de ter de manter em seu território esses guerreiros, que, além de tudo, eram pouco disciplinados e tinham prazer em saquear a região; entretanto, os dois chefes, quando souberam da rebelião que se alastrava de forma gradual na região do Danúbio, não moveram um dedo. Eles eram mercenários e combatiam para quem os pagava, e parece que não nutriam nenhum sentimento de solidariedade étnica para com os godos que estavam combatendo mais ao norte. Mas Valente, em Antióquia, ficou preocupado. Assim que alguém lhe lembrou daqueles destacamentos de mercenários godos acampados tão perto do lugar da rebelião, o imperador mandou escrever imediatamente aos chefes deles, ordenando que se pusessem logo em marcha para alcançar o restante dos bandos na Mesopotâmia.

Mesmo quando receberam as cartas do imperador, não parece que os dois chefes dos mercenários, Suerido e Colias, tinham tido um mínimo de preocupação. Apresentaram-se às autoridades da cidade e pediram o dinheiro e os mantimentos necessários para a viagem, garantindo que dentro de dois dias se poriam em marcha com sua gente. Nesse ponto, porém, algo deu errado; segundo Amiano Marcelino, o culpado foi o principal magistrado da cidade, outro incompetente, ao que parece, e que, além disso, estava ressentido com os mercenários pelos danos que provocavam em suas terras. Pode ser que ele já suspeitasse que os godos agiam de má-fé, e que o pedido dos dois dias de adiamento tenha lhe parecido a prova da traição deles; há casos de paranoia desse tipo, e normalmente provocam consequências catastróficas.

De fato, o magistrado, ao invés de fornecer aos mercenários aquilo que haviam pedido, alarmou a população da cidade e ordenou aos godos que partissem, não dali a dois dias, mas imediatamente.

4

O ultimato deve ter surpreendido os godos, que se preparavam para partir pacificamente, obedecendo às ordens do imperador; eles perceberam que o magistrado falava a sério. De fato, a população da cidade fora armada com equipamentos estatais, e fiscalizava as estradas esperando sombriamente que os godos fossem embora; ninguém nem sonhava em fornecer aos mercenários aquilo de que eles precisavam, e depois de algum tempo, além das vaias e dos insultos, a multidão começou a lançar pedras em cima dos godos, e, logo em seguida, flechas. Agredidos dessa maneira na rua pela população civil, os godos ficaram um pouco atordoados, sem saber o que fazer; mas, por fim, perderam a paciência, desembainharam as espadas e atacaram a multidão, semeando o pânico; muitos mortos, quase todos civis, ficaram na rua. A essa altura, como sua posição já estava comprometida, os godos recolheram as armas dos mortos, saíram da cidade e decidiram alcançar os rebeldes de Fritigerno.

A chegada deles foi acolhida com entusiasmo; e, na excitação do momento, todos os guerreiros decidiram marchar rumo a Adrianópolis para se vingar de uma população tão ingrata. Por sorte dos habitantes, porém, os godos não possuíam máquinas capazes de manter o cerco da cidade, nem sabiam construí-las; após alguns dias, os chefes perceberam que não conseguiriam tomar a cidade, e que seus homens estavam se desmoralizando. Fritigerno decidiu que com aqueles meios não se chegaria a nada, e que era absurdo obstinar-se no cerco da cidade quando toda a região ao redor estava cheia de riquezas fáceis de conseguir. Por isso proferiu aos seus um famoso discurso, no qual explicou que era melhor ficar em paz com as muralhas, e que a guerra deveria ser feita contra os camponeses. Os godos sabiam que o imperador estava longe, e que por enquanto ninguém os ameaçava; por isso se dividiram em grupos e começaram a explorar o campo. As mulheres, as crianças e o butim arrecadado ficaram em segurança nos carros, enquanto os guerreiros, agora parcialmente providos de cavalos, avançavam em todas as direções para saquear.

A fumaça das vilas e vilarejos incendiados começou a cobrir toda a província, enquanto as cidades se enchiam de gente aterrorizada fugindo do campo, que havia se tornado inseguro. Deve-se dizer, porém, que nem todos estavam assustados; aliás, os godos encontravam apoio até mesmo entre as pessoas do lugar. Tratava-se em parte de seus compatriotas, pois a Trácia estava repleta de godos que viviam lá, e de prisioneiros de guerra obrigados a trabalhar como colonos nos latifúndios imperiais; e havia, naturalmente, muitos escravos, escravos godos que durante anos haviam abastecido os mercados, e os rapazolas que tinham sido entregues pelos pais, apenas poucas semanas antes, em troca de algo para comer. Todas essas pessoas desertavam ou fugiam na primeira oportunidade, alcançavam sua gente e depois tornavam-se guias para os guerreiros, ajudando-os a descobrir os vilarejos mais ricos, onde estavam acumulados estoques de mantimentos. Mas não eram somente os escravos que fugiam e se uniam aos rebeldes. Muitos habitantes da Trácia também não se sentiam mais fiéis a um império que os esmagava com tributos, e não os defendia no momento do perigo. Todos os dias chegavam pessoas aos acampamentos dos godos oferecendo-se para acompanhá-los a um depósito de cereais, a um esconderijo de ricos; os godos não dificultavam em nada sua acolhida, e seus bandos se tornavam a cada dia mais fortes.

CAPÍTULO VI
A BATALHA DOS SALGUEIROS

1

E o governo, o que fazia? Deve ter custado muito a Valente renunciar aos seus preparativos de guerra contra a Pérsia; mas, no final, até esse imperador gordo, meio caolho, já com os seus 48 anos — e que, portanto, devia imaginar não ter mais muito tempo pela frente, pois, na época, era quase um idoso —, no final, até ele se rendeu. Mandou um de seus colaboradores à Pérsia com o objetivo de fazer as pazes, salvar o que era possível; e os regimentos que tinham sido reunidos na fronteira mesopotâmica retornaram diretamente para a Trácia, sob o comando de dois generais de Valente: Trajano e Profuturo.

Nosso cronista, Amiano Marcelino, era um militar de carreira, e entendia bem de assuntos militares. Segundo ele, Trajano e Profuturo eram dois generais típicos de tempos de paz, capazes de tramar nos corredores do palácio, mas que nada entendiam da guerra real. Numa situação como aquela que havia então na Trácia, era preciso aplicar técnicas de contraguerrilha. Os inimigos, como estavam carregados de butim, eram obrigados a dividir-se em grupos para poder sobreviver com os recursos do territóro. Portanto, era preciso organizar um rastreamento, surpreendendo ora um bando, ora outro; localizar os acampamentos e atacá-los de surpresa com pequenos grupos de corajosos para libertar os prisioneiros e recuperar o butim. Assim, pouco a pouco, o inimigo se enfraqueceria. Mas Trajano e Profuturo não possuíam a lucidez necessária, e talvez nem mesmo a competência, para organizar uma operação desse tipo e aguardar os resultados; além disso, pode ser também que o imperador, nervoso, tivesse deixado entender muito claramente que queria resultados rápidos. O fato é que, ao invés de explorar o território de forma metódica, procurando interceptar os saqueadores, um grupo de cada vez, o exército que vinha da Mesopotâmia se dirigiu numa única coluna para onde estava acampada a maior parte dos inimigos, decidido a dar início à batalha, como fizera Lupicínio.

Os godos, porém, dessa vez sabiam que o inimigo era mais forte e não pretendiam esperar o ataque. Fritigerno convocou todas os bandos, juntou todos os carros num único e imenso comboio, e depois, carregando o butim e levando milhares de prisioneiros, recuou até as regiões montanhosas da Trácia central. Ali, acampado em posições inexpugnáveis, podendo controlar as posições na montanha e com a retirada garantida, ele parou; parecia disposto a aceitar batalha. Os generais romanos conduziram suas tropas até o pé do desfiladeiro, mas tiveram o bom senso de não atacar. O inimigo se encurralara sozinho em meio às montanhas, e seria muito difícil para ele sair de lá; portanto, não havia nenhuma necessidade de correr riscos. Os godos, por algum tempo, esperaram pelo ataque; depois, recomeçaram sua retirada em direção ao norte. Saíram do meio das montanhas pela zona mais afastada e continuaram a marchar em direção ao delta do Danúbio. Parecia até que estavam cansados e que tinham decidido atravessar de novo o rio para retornar ao seu país, com todo o butim, o gado e os escravos e escravas que tinham conquistado, sem dificuldades, em tantos meses de saques. Os romanos os seguiam passo a passo, mas parecia que nenhum dos dois tinha realmente vontade de combater.

2

Os dois exércitos tinham quase chegado ao Danúbio: o dos godos, que se retirava lentamente com suas longas filas de carros puxados por bois e acompanhados por dezenas de milhares de civis; o dos romanos, que os seguia com prudência, esperando uma ocasião favorável. Os godos acamparam perto de uma localidade que se chamava *ad Salices*, Campo dos Salgueiros, hoje Dobruja, na Romênia, situada próximo ao delta do Danúbio, não muito longe da costa do mar Negro e de Tomi, a cidade onde o poeta Ovídio morreu em exílio. Era o rincão mais extremo do império, com um ou dois dias de marcha os bárbaros chegariam à fronteira; e talvez pensassem que podiam atravessar o rio justamente no delta, em meio aos pântanos e às águas rasas. Eles haviam acampado segundo seus costumes, com todos os carros em círculo, como os pioneiros do *Far West*; com a diferença de que o círculo dos godos devia ter um diâmetro de muitas centenas de metros. No interior dessa fortaleza de madeira, que Amiano Marcelino chama de *carrago*, as mulheres acendiam o fogo e preparavam a comida, os cavalos eram recolhidos, os inúmeros prisioneiros ficavam amarrados, e os guerreiros não faziam nada, como era costume quando não havia combate. Alguns poucos grupos iam procurar forragem e mantimentos.

Mas a pouca distância dali, no acampamento romano, juntou-se aos generais de Valente um general de Graciano, o imperador do Ocidente, que fora enviado com algum reforço para dar uma ajuda na emergência; reforço pouco mais que simbólico, para dizer a verdade, porque os generais no comando na Gália tinham se negado a desguarnecer a fronteira do rio Reno, e muitos soldados recrutados no local, frente à perspectiva de ter de combater no Oriente, tinham até mesmo desertado. O recém-chegado era o comandante da guarda imperial, Ricomere; ele próprio, aliás, de origem barbára, mais precisamente de origem franca. Não havia nada de estranho nisso. O exército romano sempre recrutava imigrantes sem fazer distinções de raça, e já havia muitos generais desse tipo, imigrantes de segunda ou até terceira geração, os quais, na realidade, de bárbaro mantinham apenas o nome e, talvez, os cabelos louros. De vez em quando, nos ambientes mais racistas, eram acusados de serem pouco confiáveis, mas a verdade é que quase todos eram completamente romanizados, ou helenizados, e muitas vezes até mais cultos que seus colegas; vários deles — francos, sármatas, godos inclusive — haviam feito carreira no exército imperial, e apareceram como correspondentes dos grandes retóricos gregos ou dos padres da Igreja.

Os três generais romanos, portanto, se reuniram em conselho para decidir o que fazer. Com suas forças reunidas, sentiam-se mais fortes do que os bárbaros, embora Amiano Marcelino sustente que eram inferiores a eles em termos numéricos. Estavam decididos a tomar logo a iniciativa. Estabeleceram que, assim que os godos, cansados da parada, levantassem acampamento para retomar a marcha, os romanos atacariam a retaguarda do comboio; era ali, de fato, que sempre se atrasava a maior parte dos prisioneiros e dos carros carregados de butim. Os generais romanos calculavam que, na pior das hipóteses, os inimigos acelerariam a marcha para evitar o combate, e então seria possível recuperar boa parte do saque. Se, ao invés disso, os godos aceitassem combater, estariam no entanto nas condições mais desfavoráveis; então, talvez fosse a ocasião para resolver de uma só vez a campanha inteira, e dar um fim, com sucesso, à guerra.

3

Os godos estavam acampados com segurança, fechados em seu cinturão de carros, naquele lugar de nome tão inocente, *ad Salices*. Eles sabiam que os romanos estavam próximos, e sabiam também que o plano dos generais imperiais era atacar assim que eles se pusessem em marcha, no momento em que a coluna estivesse mais vulnerável. Amiano Marcelino, que é nosso único informante sobre este fato, não esconde que os godos sabiam de tudo, e não faz mistério a respeito do motivo: eram os desertores, diz ele, que os mantinham informados. E vale a pena refletir sobre essa observação, que o cronista não se preocupa nem mesmo em comentar, por lhe parecer óbvia demais. Nós hoje pensamos nos romanos e nos godos, na civilização e na barbárie, como duas forças opostas, mas a contraposição não era tão simples. O exército imperial era repleto de voluntários bárbaros, fiéis ao imperador e prontos a morrer combatendo contra seus compatriotas pela glória de Roma, mas também de recrutas alistados à força que esperavam somente a ocasião propícia para fugir; do outro lado, o acampamento dos godos estava cheio de prisioneiros que esperavam ansiosamente serem libertados pelos soldados romanos, mas junto deles havia também escravos fugitivos e desertores que não queriam nada com o governo e tinham decidido unir seus destinos aos dos bárbaros rebeldes.

Os desertores, portanto, mantinham informados os chefes godos sobre as intenções dos romanos, e por isso, no início, eles decidiram pela solução mais simples: não se moverem de maneira alguma. Mas logo depois perceberam que não podiam continuar assim para sempre. Era preciso aceitar o combate, não havia nenhum outro modo para sair dali. Os chefes enviaram mensageiros para chamar ao acampamento todos os grupos que estavam fora à procura de mantimentos, e, um depois do outro, todos voltaram; a cada grupo que voltava, os godos sentiam-se um pouco mais fortes, e um pouco mais dispostos a correr o risco da batalha. Quando todos os grupos haviam retornado, porém, já era noite, e, mesmo sendo extrema a excitação no acampamento, não era mais o caso de saírem combatendo. Sobre esse episódio, há um trecho muito bonito de Amiano Marcelino: depois que todos haviam voltado ao acampamento, diz ele, "toda a multidão de bárbaros, amontoada ainda dentro do cinturão dos carros, estremecia terrivelmente e, excitada pela selvageria de seu próprio ânimo, insistia, fora de si pelo frenesi, em enfrentar o quanto antes o perigo extremo, ainda mais porque os chefes não se opunham". Provavelmente, as condições sanitárias no acampamento, a escassez de comida fresca e a tensão daquela espécie de cerco eram tamanhas que todos desejavam somente sair e enfrentar o perigo. Mas, como já era noite, os godos decidiram esperar acordados o dia seguinte e se sentaram para comer. Os romanos estavam acampados a pouca distância, e tiveram a clara percepção, ao ouvir todos aqueles gritos, que alguma coisa iria acontecer; portanto, nem mesmo eles adormeceram. Os soldados diziam a si mesmos que sua causa era justa, e que Deus, ou os deuses, os ajudariam, mas sabiam também que os inimigos eram muitos e que eram selvagens, piores que animais ferozes; por isso, no acampamento romano, os veteranos meneavam a cabeça, perguntando-se como tudo terminaria.

4

Pela manhã, todos sabiam que haveria batalha. No acampamento romano, os clarins chamavam os soldados para se reunirem aos seus destacamentos e tomarem suas posições; mas também os bárbaros, que não eram mais tão bárbaros, tocavam os clarins, e os guerreiros se agrupavam ao seu som como se tivessem sido treinados. Segundo seus costumes, os guerreiros fiéis aos chefes renovavam o juramento que haviam prestado da primeira vez que se puseram a seu serviço: antes serem mortos que abandoná-los em perigo; e os irmãos em armas juravam o mesmo em relação um ao outro. Logo depois, a multidão de guerreiros saiu do cinturão dos carros, em ordem, não em tumulto, formando uma massa cada vez mais numerosa que se alastrava pela planície. Os romanos estavam já se alinhando a algumas centenas de metros de distância, e os últimos soldados estavam correndo apressados para tomar seus lugares, quando perceberam o inimigo à sua frente pronto para atacá-los. E assim, um pouco de cada vez, as duas massas começaram a se aproximar uma da outra, pois todos queriam demonstrar que não tinham medo, e que não se negavam a combater.

Uma coisa, porém, era aproximar-se, outra era entrar em contato. Hoje é quase inimaginável que duas massas, cada uma composta de milhares de homens cobertos de metal, pudessem realmente atirar-se uma contra a outra para valer, e, de fato, não era assim que acontecia. As duas frentes avançaram muito adiante, depois pararam; não estava nada claro quem teria a coragem de atacar primeiro. Mas a guerra arcaica era feita também de outros rituais. Os romanos, para se darem coragem e desmoralizarem o inimigo, bradaram todos juntos o seu grito de guerra, uma palavra bárbara, *barritus*; e era um grito mais animalesco do que humano, um bramido que começava com uma nota baixa e depois, pouco a pouco, ia crescendo até tornar-se ensurdecedor; os soldados romanos, que, vale lembrar, eram em parte imigrantes nascidos no exterior, o haviam aprendido justamente com as tribos germânicas.

Os godos, por sua vez, desafiavam os inimigos segundo os costumes ancestrais: avançavam na terra de ninguém, se apresentavam, faziam o elogio de seus próprios antepassados e prometiam não passar vergonha naquele dia. Duzentos anos depois, o último rei dos godos, Tótila, obedeceria ainda ao mesmo ritual antes da batalha de Gualdo Tadino, fazendo evoluções a cavalo e mostrando sua habilidade no manejo da lança, como se seus antepassados estivessem ali vendo-o. Em ambos os lados, os soldados infundiam-se coragem insultando o inimigo; se a distância era suficiente, muitos começavam a arremessar suas lanças, e os arqueiros, bem escondidos nas últimas fileiras, atiravam flechas. Essas armas de arremesso não faziam muitas vítimas, mas com um pouco de sorte podiam irritar o inimigo, e de qualquer maneira as lanças e as flechas fincavam-se nos escudos, começavam a despregar suas tábuas, tornando-os pesados até não servirem mais; é também assim que se começava uma batalha. Aqui e acolá, alguns grupos mais exaltados perdiam a paciência, adiantavam-se e desafiavam o inimigo, "e em meio a tantos gritos em línguas diferentes", diz Amiano, "alguns começavam a trocar golpes".

5

É impossível dizer por quanto tempo as duas formações ficaram assim, sob a mira de lanças, oscilando de forma tumultuosa para a frente e para trás, vangloriando-se e fazendo ameaças. Com o tempo, toda inibição caiu, e, sem que ninguém tivesse dado ordem nenhuma, as duas muralhas de escudos avançaram e se chocaram uma contra a outra.

Eram muitos milhares de homens de cada lado, a maior parte infantaria, armados mais ou menos com as mesmas armas, porque os godos tinham tido tempo de encontrar elmos e cotas de malha romanas. A cavalaria rondava nervosamente ao redor das duas massas de guerreiros, pronta a perseguir e abater aqueles que fugiam, mas sem muitas possibilidades de influenciar de verdade o êxito da batalha, dada a densidade das formações dos lanceiros. Os arqueiros e os fundeiros mantinham-se a distância, esperando a oportunidade propícia para desferir um bom golpe e abater um guerreiro que não houvesse se protegido bem com o escudo. Mas a batalha mesmo se reduzia a duas massas de homens transtornados pela tensão e pelo medo, amontoados uns sobre os outros, tentando proteger-se não somente atrás de seu próprio escudo, mas também do escudo do vizinho, com aquele reflexo condicionado que, segundo os autores antigos, era típico de todos os combatentes. Quando entravam em contato, podiam escapar com vida somente empurrando forte, tentando transpassar o inimigo por baixo, ou jogando ao chão e esmagando sob o escudo aquele que se encontrava à sua frente. Quem perdia o controle, largava o escudo e fugia estava perdido, pois os cavaleiros galopavam atrás dele e o abatiam; a única coisa a fazer era permanecer dentro da falange, empurrar sempre, junto à massa, e tentar avançar o máximo possível sem ligar para a poeira, os gritos e aquilo que era pisoteado.

Em dado momento, a ala esquerda dos romanos pareceu ceder; o muro dos escudos dos bárbaros estava avançando daquele lado. Mas os generais romanos haviam previsto isso. Nos exércitos antigos, a ala esquerda ficava sempre atrás, exatamente porque os soldados da infantaria seguravam o escudo com o braço esquerdo, e cada um avançava procurando proteger-se atrás do escudo do vizinho, empurrando, portanto, para a direita; por isso Ricomere, que era a patente mais alta e naquele dia estava no comando, juntara as reservas justamente à esquerda, e o avanço dos bárbaros foi detido.

Quando a noite chegou ainda estavam combatendo, mesmo sem muita vontade de continuar; as batalhas antigas eram cansativas, a maior parte dos soldados combatia ininterruptamente desde o primeiro momento, e, por mais férreo que fosse seu treinamento, não podiam ficar lutando mais do que algumas horas. Um pouco por vez, como costumava acontecer, os destacamentos afastaram-se entre si; quem era forçado a recuar porque até aquele momento levara a pior começou a ficar parado onde estava, em vez de se lançar para a frente. Ao final, os dois exércitos se separaram. Lentamente, os godos recuaram até ficarem a salvo em seu círculo de carros; os romanos, por sua vez, recuaram até o acampamento. Segundo seus costumes, levaram os cadáveres dos oficiais mortos para enterrá-los conforme os rituais; os outros foram deixados ali, esperando que as aves de rapina os devorassem. Ainda em sua época, diz Amiano, quem passava por ali podia ver os ossos dos mortos embranquecendo os campos.

6

Não temos como quantificar as perdas daquele dia, mas com certeza foram grandes para ambas as partes. Talvez não enormes, porque nas batalhas antigas o massacre verdadeiro começava quando um dos dois exércitos era rechaçado em fuga, e os perseguidores podiam matar sem risco. Quando o combate continuava sem vencedores nem vencidos, como acontecera ali no Campo dos Salgueiros, provavelmente as perdas eram menores; mas, de qualquer maneira, entre mortos, feridos, contundidos, pessoas sob choque, a capacidade combativa de ambos os adversários deve ter ficado bastante reduzida.

A lição mais amarga ficou para os romanos. O inimigo era tão numeroso quanto eles, talvez até mais, e não tinha medo de combater, não se deixando intimidar pela ideia de enfrentar as legiões romanas. Se combateu naquele dia, poderia combater também no seguinte; e os generais do imperador, ao contrário, não tinham tanta certeza de poder fazê-lo. Num exército regular as perdas têm um peso grande; a morte dos oficiais ou dos suboficiais desmoraliza os soldados, e basta que um regimento perca a metade ou um terço dos seus homens para sua coesão se esfacelar. Os romanos estavam quase no limite de seu império; haviam enfrentado o inimigo esperando acabar com ele, e não tinham conseguido. Permanecer ali e tentar novamente no dia seguinte significava flertar com o desastre. Além do mais, uma parte dos regimentos que combatera nos Salgueiros e seu general, Ricomere, pertenciam ao imperador do Ocidente, e tinham chegado para ajudar seu tio, Valente, a sufocar uma rebelião de bárbaros; mas deixar que se matassem até o último homem para defender aquela extrema banda do Oriente não fazia parte de seu mandado. Na noite após a batalha, os generais romanos tiraram suas conclusões e, no dia seguinte, aquilo que restava de seu exército começou a marchar em direção ao sul.

A coluna romana continuou se retirando por vários dias, por mais de cem quilômetros, parando somente quando chegou a Marcianópolis. Do outro lado, os godos haviam sofrido tais perdas que permaneceram fechados durante uma semana dentro do cinturão de carros, sepultando seus mortos e celebrando os rituais fúnebres de seu povo. Entre os chefes, os pagãos foram sepultados junto a seus cavalos, e talvez também a suas escravas preferidas, estranguladas no mesmo local para acompanhar seu senhor na outra vida; quanto aos cristãos, os padres arianos recitaram o ofício fúnebre, talvez em grego. O pranto ritual das mulheres e o canto de músicas fúnebres glorificando seu valor acompanhavam uns e outros. Depois, concluídos os rituais e as purificações, os guerreiros começaram a sair do cinturão de carros para explorar as redondezas, e voltaram com a notícia de que os soldados romanos tinham partido realmente.

Por algum tempo, os godos continuaram a viver dos recursos das planícies ao longo do delta, roubando os camponeses, levando embora os estoques das fazendas, abatendo o gado. Com o passar do tempo, porém, perceberam que encontrar o que comer naquela região subdesenvolvida era sempre mais difícil. Então, aos invés de prosseguir sua marcha em direção ao norte, atravessar o Danúbio e voltar a seu país, visto que depois da batalha os romanos não haviam ousado atacar de novo — ao contrário, tinham se dispersado —, os príncipes godos decidiram avançar novamente para o sul, no rico interior agrícola da Trácia, à procura de novas províncias para saquear.

CAPÍTULO VII
A GUERRA CONTINUA

1

Após a batalha dos Salgueiros, os generais romanos não tiveram mais coragem de enfrentar os godos em campo aberto. Pode parecer estranho que um império que contava quinhentos a seiscentos mil homens não conseguisse reunir tropas suficientes para liquidar um exército de rebeldes que não devia ter mais de dez ou doze mil; mas, na realidade, era exatamente a imensidão do império que tornava ineficaz a sua força. A maior parte dos soldados eram "limitâneos", isto é, guardas fronteiriços, e estavam espalhados numa infinidade de guarnições ao longo de milhares de quilômetros de fronteira, da Muralha de Adriano, na Escócia, até o oásis do deserto arábico. As forças móveis, que se mantinham prontas a intervir onde quer que houvesse uma emergência, estavam dispersas entre centenas de lugares no interior do império; em todas as províncias era preciso ter tropas não só para impedir incursões de bárbaros, mas também para coibir a ação dos salteadores, desencorajar as rebeliões, manter a ordem pública e arrecadar os impostos. A derrota do conde Lupicínio em Marcianópolis demonstrara que as tropas móveis estabelecidas na Trácia não eram suficientes para pôr fim a uma rebelião; a batalha dos Salgueiros não fora tão má, mas também não tinha sido a batalha decisiva. Ela acumulara graves perdas, desgastaram-se uma parte das tropas que Valente tinha preparado para invadir a Pérsia e até mesmo os primeiros reforços vindos do Ocidente. O exército romano estava sempre prestes a chegar a seu limite, e agora o tinha alcançado; não era possível arriscar outra batalha.

Porém, podia-se aproveitar o terreno, coisa que os generais romanos logo começaram a fazer. Marchando em direção ao norte, quase chegando ao Danúbio, os godos haviam saído das zonas mais férteis da província e agora estavam acampados na estepe, numa região que os romanos haviam tentado povoar muito tempo antes, com colonos e deportados, onde, entretanto, não havia suficientes recursos para manter por muito tempo toda aquela gente; não nos esqueçamos de que os godos, além dos combatentes, tinham de manter dezenas de milhares de civis e um número talvez equivalente de bois e cavalos. Os generais romanos, evacuando a região, ordenaram que todos os estoques de mantimentos e a maior parte das pessoas fossem reunidas nas cidades fortificadas, as quais os godos não eram capazes de cercar. Na prática, isso os deixava donos do território, mas um território estéril e sem recursos. Era óbvio que, mais cedo ou mais tarde, se não queriam morrer de fome, deveriam retornar em direção ao sul; mas para fazê-lo deveriam atravessar novamente aquelas que os romanos chamavam "as montanhas do Emo", ou seja, os maciços orientais da cadeia dos Bálcás. Eram montanhas selvagens, atravessadas por poucas estradas, onde bastava fechar qualquer passagem para impedir a travessia de toda aquela multidão e dos seus carros. Portanto, os romanos começaram a bloquear as passagens; a tropa era treinada também para executar atividades de vários tipos, rapidamente e de maneira organizada, o que capacitava os soldados a trabalharem, quando necessário, como lenhadores, carpinteiros e pedreiros; agora, essas habilidades foram aproveitadas. Quando os godos se deslocaram e começaram a atravessar as montanhas, viram que todas as passagens haviam sido bloqueadas, com paliçadas, plataformas e até mesmo com obras em alvenaria; e que atrás daquelas fortificações os romanos os esperavam.

2

Um ano já havia se passado desde que os godos se reuniram na margem do Danúbio, implorando para serem aceitos no império. A batalha dos Salgueiros, a sucessiva retirada dos romanos para o sul, o obstáculo das passagens balcânicas, tudo isso aconteceu no verão de 377; pelo menos este é o modo como nós contamos os anos, enquanto, para os romanos — que tinham um sistema de contagem diferente, designando os anos com o nome dos cônsules em exercício —, estava-se "no ano em que Graciano e Merobaude exerciam o consulado".

O nome dos dois cônsules daquele ano sugerem várias reflexões sobre a natureza do império. Um deles, Graciano, era o imperador do Ocidente, porque era normal que um dos dois cargos fosse ocupado pelo imperador; além do mais, Graciano, naquele ano, era cônsul pela quarta vez. O outro, Flávio Merobaude, era um militar de origem germânica, imigrante ou filho de imigrantes, como indica claramente seu nome, que não só fizera carreira no exército, como também estava muito bem integrado à classe dirigente do império, a ponto de ter se tornado cônsul. Mesmo que já estivesse totalmente despido de poder político, o consulado ainda era uma instituição quase sagrada para os romanos, gozando de um prestígio que nós não podemos imaginar. O fato de que políticos e militares de origem estrangeira também podiam alcançá-lo sugere o quanto era aberto e heterogêneo o grupo dos dirigentes do império.

Portanto, corria o ano do consulado de Graciano e Merobaude, o ano de 377 d.C.; o verão estava terminando. Sabe-se que o inverno, naquelas altitudes, pode ser muito rígido; os generais romanos começavam a pensar que, se os godos tivessem ficado bloqueados entre as montanhas, teriam morrido de frio e de fome. No comando das forças militares que impediam a travessia dos Bálcãs havia um novo general, porque Valente, em Antióquia, não estava nada satisfeito com as notícias que chegavam do *front* militar e mandara um homem de sua confiança, Saturnino, com todos os reforços disponíveis. Saturnino chegou aos acampamentos no momento exato em que os godos perceberam que se encontravam presos numa armadilha. Durante muitos dias, os bárbaros atacaram furiosamente as paliçadas e as plataformas que bloqueavam a estrada, e, no final, desesperadamente; mas não conseguiram passar, e Saturnino pensou tê-los em suas mãos.

Os chefes godos, no entanto, não eram tolos. A passagem pela qual podiam descer em direção ao sul e se espalhar nas ricas planícies estava bloqueada, mas abertas estavam as comunicações com o norte, a planície do Danúbio e as estepes. Os godos, então, mandaram chamar reforços. Dirigiram-se a outras tribos de pastores e guerreiros a cavalo, os alanos, e até mesmo a alguns clãs de hunos. Algum tempo antes, fora exatamente o terror dos hunos que expulsara os godos de suas terras; mas agora a situação havia mudado. Os godos mantinham um posto avançado em território romano; as perspectivas de saques e conquistas eram muito boas para deixá-las escapar, e isso até mesmo os chefes hunos, tão primitivos, entendiam bem. O outono acabara de começar, o inverno ainda estava longe, e notícias sempre mais preocupantes chegavam a Saturnino: que grandes bandos de alanos e de hunos, a cavalo, estavam atravessando o Danúbio em direção ao sul.

3

Saturnino tomou uma decisão fatal, mesmo sendo muito provável que fosse a única que lhe restava. Uma coisa era bloquear as passagens das montanhas e impedir a travessia da coluna dos godos, que devia ter dezenas de quilômetros, incluindo todos os carros e o gado que se deslocavam lentamente, sobrecarregados de butim e de escravos; tal bloqueio podia ser feito com facilidade, interrompendo apenas algumas estradas. Outra coisa era impedir a passagem de bandos de cavaleiros nômades, acostumados a atacar de surpresa, e que podiam passar por qualquer estrada, descobrir atalhos desconhecidos, e talvez surgir por trás dos acampamentos romanos, surpreendê-los, inviabilizar a retirada. Era uma perspectiva terrível, e Saturnino decidiu não correr esse risco. Era melhor reunir suas tropas, descer pelas montanhas, até porque o inverno estava chegando para ele também. Levar o exército a salvo para as cidades fortificadas da planície e repensar com calma uma melhor estratégia para resolver o problema no próximo ano. Porém, o resultado dessa estratégia foi que, assim que perceberam que as passagens estavam livres e que o inimigo abandonara as fortificações, os godos passaram e surgiram na planície.

E, de novo, como no ano anterior, começaram a violência e os saques. A Trácia era grande, e os godos a percorriam com toda segurança, acompanhados pelos bandos de hunos e alanos que tinham vindo juntar-se a eles. As tropas romanas, para conseguir passar o inverno, tiveram de se dividir entre as cidades onde estavam os depósitos de cevada, de vinho e de toucinho, indispensáveis para seu sustento. Os godos enfrentaram o inverno acampados dentro de seus carros, mas tudo que a região produzia estava ali à disposição, sem defesa. O relatório de

Amiano Marcelino recomeça nesse ponto a triste história de fazendas saqueadas e incendiadas, de mulheres embrutecidas pela violência, de meninos e meninas levados embora como escravos. Para escapar das atrocidades dos bárbaros, os habitantes abandonavam em massa a região, tanto que, uma geração depois, ainda havia na Trácia zonas despovoadas e impossíveis de atravessar por falta de lugares habitados; os refugiados chegaram até a Itália, encontrando emprego como trabalhadores rurais nos latifúndios da planície Padana, eventualmente se vendendo como escravos para fugir da fome.

Como se isso não bastasse, o retorno das tropas romanas aos quartéis invernais não foi bem administrado por Saturnino, que parece ter sido um incompetente — mais um, e talvez houvesse muitos entre os altos oficiais e burocratas do império do Oriente. Alguns destacamentos tinham se dirigido a Dibaltum, uma cidade situada à margem do mar Negro, um bom lugar para passar o inverno; mas, quando os bárbaros os atacaram de surpresa, ainda estavam acampados fora da cidade. Eram destacamentos de elite, alguns dos melhores regimentos de infantaria do império; dentre eles, havia um, famosíssimo desde o tempo de Constantino, chamado destacamento "dos chifrudos" — pois seus soldados costumavam levar chifres sobre os elmos —, que se destacara na batalha da ponte Mílvia, tanto que há ainda hoje um alto relevo representando um desses soldados com os chifres no Arco de Constantino, em Roma. Junto deles havia pelo menos um dos regimentos da cavalaria pesada da guarda imperial, os escutários; aliás, o comando da coluna era mantido justamente pelo comandante desse regimento, o tribuno Barzimere, que devia ser armênio ou persa, a julgar pelo nome. Então, Barzimere foi atacado de surpresa; ninguém o advertira de que o inimigo estava tão perto, e ele teve apenas oportunidade para alinhar seus homens, conseguindo resistir por um bom tempo. Mas o inimigo era muito mais numeroso e o derrotou.

4

Talvez não tenha sido por acaso que os godos tenham surpreendido a coluna de Barzimere em campo aberto, aniquilando-a. Porque, na realidade, fica claro que pelo menos seus chefes não eram de fato bárbaros, e sim príncipes acostumados a negociar com os romanos; provavelmente falavam latim e grego, e vários deles eram cristãos. Tinham ideias bastante claras em relação ao que queriam e às estratégias a seguir. Sabiam estar envolvidos, eles e seu povo, numa situação absurda, repleta de possibilidades sedutoras, mas também mortalmente perigosa; e se moviam com cautela, atentos para não darem passos em falso e também para aproveitar todas as oportunidades. Haviam percebido muito bem que os romanos abandonaram os passos dos Bálcãs e foram em direção à planície de maneira bastante desordenada, e que não tinham mais nenhuma intenção de guerrear. Sabiam que, para sobreviver ao inverno, o sistema romano previa a distribuição das tropas, em pequenos grupos, nas cidades; e que os generais escolhidos para enfrentá-los não eram gênios militares e teriam se atido apenas ao regulamento.

Por isso os chefes dos godos decidiram que, naquele fim de outono, antes que o inverno os impossibilitasse de se mover rapidamente com um grande número de cavalos, não se contentariam em saquear o país e acumular o butim, mas tentariam surpreender os destacamentos romanos isolados e aniquilá-los um a um. As coisas, para eles, estavam correndo bem. Tinham vindo esfomeados das gargantas dos Bálcãs, reduzidos a condições extremas, mas agora os saques começavam a render; os guerreiros estavam bem alimentados e, diz Amiano Marcelino, "com comida mais refinada que de costume", a mesma comida que encontravam nas cozinhas e nas adegas das ricas mansões de veraneio. Além do mais, possuíam muitos cavalos, agora que os hunos e os alanos tinham se juntado a eles; e, depois de todos aqueles combates, com certeza todos os guerreiros tinham uma cota de malha, um capacete e uma espada roubados de um romano morto. Os bárbaros estavam vencendo a guerra, e tinham toda a intenção de se aproveitar de sua vantagem.

Um espião, ou talvez um desertor, avisou os chefes godos de que alguns regimentos do Ocidente, aqueles mandados por Graciano em socorro ao tio, estavam acampados aos pés dos Bálcãs, perto de uma cidade chamada Beroea. Eram esses destacamentos que se encontravam na Trácia já havia algum tempo, sobreviventes da batalha dos Salgueiros, e seu comandante, Frigerido, era um homem famoso. Ele também, a julgar pelo nome, era claramente um filho de imigrantes germânicos, e suspeitava-se que tivesse alguma simpatia secreta pelos godos. O que se sabia ao certo era que, antes da batalha dos Salgueiros, fora acometido por um oportuno ataque de gota, tendo sido dispensado de participar da batalha (podemos imaginar os rumores que corriam a respeito dessa enfermidade). O destacamento de Frigerido, isolado, já esgotado pelos combates, comandado por um general fraco, parecia a vítima ideal; e o conselho dos chefes decidiu que a maioria dos guerreiros se dirigiria para lá com a missão de atacar os romanos e aniquilá-los, assim como haviam aniquilado a coluna de Barzimere.

5

Frigerido talvez fosse um homem mal afamado, mas, na realidade, conhecia bem sua profissão. É o que garante Amiano Marcelino, seu ex-colega (nas últimas linhas de sua obra, que foi escrita em um discreto latim, Amiano pede desculpas aos seus leitores por não ter sabido escrever melhor, dizendo que escreveu como podia fazê-lo um soldado aposentado, ainda por cima grego). Amiano não economiza críticas aos colegas quando lhe parece que não tenham feito bem seu trabalho; e já vimos como a guerra contra os godos revelou muitos incompetentes. Mas não Frigerido; segundo Amiano, ele conhecia realmente seu ofício e, principalmente, não desperdiçava forças. A partir de seus acampamentos nas encostas dos Bálcãs, realizava com frequência operações de reconhecimento do território, e recebeu logo o aviso de que grande parte dos godos estava se movimentando em sua direção para atacá-lo. Então avaliou a situação e decidiu que não era o caso de permanecer ali, esperando o ataque. Atrás dele estavam os desfiladeiros alpinos que levavam ao lado ocidental dos Bálcãs, região que os romanos chamavam de Ilíria, a qual, para nós, corresponde mais ou menos à ex-Iugoslávia. Esse território pertencia ao império do Ocidente, e o primeiro dever de Frigerido era defendê-lo, impedindo que os bandos de bárbaros transbordassem também nas províncias ocidentais. Por isso decidiu levantar acampamento em direção ao vale da Maritza, que os romanos chamavam Hebrus, até o passo de Succi, pelo qual se descia à Macedônia.

Os bandos de godos o perseguiam de perto, e junto a eles havia outros bandos que tinham atravessado há pouco o Danúbio, aproveitando-se do colapso das defesas fronteiriças, do recuo das guarnições romanas e do pânico que se difundira em toda a província. Alguns desses bandos pertenciam aos taifales, um povo de língua gótica, sobre o qual Amiano Marcelino conta uma história muito curiosa; e é útil que nós a reproduzamos para que se possa entender com um pouco mais de profundidade esse universo bárbaro.

"Consta", diz Amiano, "que esta etnia dos taifales é tão torpe e mergulha tanto na vergonha de uma vida obscena, que entre eles os meninos se unem aos homens adultos, conforme um pacto de união abominável, para consumir a flor da idade servindo às suas nojentas necessidades. Somente quem, já adulto, consegue capturar sozinho um javali, ou matar um grande urso, está liberado da infâmia desta obscenidade". Independente da indignação do honesto Amiano Marcelino, se lermos esse texto com olhos de antropólogo podemos reconhecer os rituais de uma tribo guerreira, onde a iniciação dos jovens prevê um período de união sexual com os mais velhos, e uma prova de coragem ou de força física assinala a passagem à idade adulta. É claro que os romanos, que nada entendiam de antropologia, não podiam apreciar esse tipo de coisa; e vê-se com quanta facilidade podia se enraizar em sua mentalidade o estereótipo dos bárbaros corruptos e imorais. Mas é claro também que essas tribos de guerreiros nômades vindas das estepes eram ossos duros de roer, e que, enquanto seus bandos percorriam livremente os Bálcãs, o império do Oriente estava realmente se afundando numa crise da qual não sabia como sair.

6

Frigerido e seu exército, então, retiravam-se em direção à Ilíria, através das montanhas dos Bálcãs. Alguns bandos de godos e taifales, na maior parte a cavalo, os perseguiam com segurança, mas também espalhavam-se pelo país para saquear. Era uma daquelas situações perigosas onde por um erro se paga caro; se a cavalaria dos bárbaros tivesse surpreendido a coluna numa passagem difícil, provavelmente a teria aniquilado. Mas esse tipo de partida se joga a dois, e Frigerido, como sabemos, era um sujeito que sabia o que fazia. Enquanto se retirava lentamente em direção ao passo de Succi, seus exploradores o mantinham informado dos movimentos dos bárbaros. Quando soube que grande parte dos bandos que o perseguiam se reunira e avançava por uma única estrada, preparou uma emboscada. Ao se verem em frente à infantaria romana alinhada para a batalha, os bárbaros lançaram-se ao ataque, seguros de terem interceptado a retaguarda da coluna; mas os romanos surgiram pelas laterais e os cercaram. Logo começou o massacre, que era também uma vingança; "e poderiam também ter matado todos, de tal modo que não teria sobrado ninguém para contar aos outros o que havia acontecido". Mas, depois que os chefes dos bárbaros foram mortos, os sobreviventes caíram de joelhos implorando por piedade.

Apesar de o império já ser oficialmente cristão, os romanos não se consideravam obrigados a demonstrar a mínima misericórdia com os inimigos, e não tinham nenhuma dificuldade em massacrar prisioneiros, inclusive civis. Mas havia muito tempo que a administração imperial considerava a mão de obra, incluindo a bárbara, um recurso precioso, que precisava ser poupado o quanto possível; e parece que essa ideia fora inculcada também nas cabeças dos militares. Assim, Frigerido, após algum tempo, parou o massacre e aceitou a rendição dos bárbaros; não sabemos quantos eram, com certeza pelo menos algumas centenas, ou talvez até mais, em sua maioria taifales, todos homens adultos e robustos. Frigerido mandou acorrentá-los e os levou consigo na retirada através das montanhas; chegando ao destino, entregou-os aos encarregados pela triagem dos imigrantes, que ficaram muito satisfeitos de terem em suas mãos todos aqueles trabalhadores. No império do Ocidente, havia também vastas regiões despovoadas, onde faltavam braços para trabalhar a terra: na Gália, em especial, principalmente por causa das invasões dos bárbaros, e até na Itália, sobretudo na planície Padana. Os godos e os taifales capturados por Frigerido foram enviados justamente para a Itália, e alocados como colonos nas terras públicas da baixa planície Padana, em torno das atuais cidades de Modena, Reggio e Parma. Um fato que bem indica a necessidade de mão de obra do império, mas também o senso de superioridade e de segurança que, apesar de tudo, os romanos continuavam a nutrir em relação aos bárbaros, foi que, no auge de uma crise tão profunda como aquela que estava submetendo a ferro e fogo os Bálcãs, o governo não tenha tido nenhuma hesitação em requisitar centenas de prisioneiros bárbaros, pertencentes além de tudo a tribos ferocíssimas, e transferi-los para trabalhar na própria Itália.

CAPÍTULO VIII
VALENTE AVANÇA

1

O ano de 378 se iniciava com perspectivas decisivas e inquietantes para o império. Os bárbaros eram os donos das ricas planícies da Trácia, que se extendiam do Danúbio até os subúrbios de Constantinopla. Todos os destacamentos do exército romano presentes na região, incluindo os reforços vindos do Ocidente, tiveram de se limitar às cidades fortificadas, ou então se retirar rumo à Ilíria, como a coluna de Frigerido. Das muralhas da capital era possível ver os bandos dos bárbaros que percorriam o campo, e as pessoas começavam a temer que, mais cedo ou mais tarde, o inimigo viesse acampar em frente às portas para fechar o cerco à metrópole. Em todo o mundo romano, sabia-se dessa ferida aberta que estava consumindo as forças do império, que não conseguia curá-las; e a pergunta da opinião pública era apenas uma: o que fariam os imperadores?

Valente, prestes a completar cinquenta anos, ainda estava em Antióquia; a decisão mais difícil cabia a ele, uma vez que todos os generais enviados para liquidar a rebelião haviam sido derrotados, um após outro. Seu sobrinho Graciano, imperador do Ocidente, era muito mais jovem, e alguns pensavam que caberia a ele assumir o controle da situação, intervindo com a maior parte do exército do Ocidente, que, tradicionalmente, entre outras coisas, era mais hábil e mais combativo que o do Oriente. Os boatos corriam nas cidades do império, nos mercados, nas casernas, ao longo das fronteiras, chegando até aos ouvidos dos bárbaros, além das fronteiras. Um soldado da cavalaria da guarda, um alamano que voltara de licença à sua casa, em uma das tribos que viviam além do Reno, para resolver problemas de família, contou que, no Oriente, todos os povos fronteiriços com o Império Romano haviam conspirado para destruí-lo, e que Graciano estava prestes a partir com o exército inteiro para socorrer seu tio Valente. Não sabemos se ele contava essas coisas de boa-fé, para impressionar os vizinhos com seu conhecimento de assuntos secretos, ou se simplesmente era um espião. Pode ser que estivesse agindo de boa-fé, porque logo em seguida voltou para o quartel e retomou seu lugar, como se nada tivesse acontecido; mas o imperador mandou puni-lo porque, de qualquer maneira, falara demais.

Os alamanos ouviam essas notícias, e muitos grupos formados por jovens pensaram que era uma boa ocasião para saquear o território romano, visto que os soldados estavam se transferindo para o Oriente. Portanto, Graciano, que juntara realmente suas tropas e se preparava para partir para os Bálcás, foi obrigado a mudar seus planos e empreender uma expedição punitiva além do Reno. Essas operações de polícia em grande escala terminavam todas da mesma forma, com um balanço triunfal de vilarejos incendiados, civis massacrados e chefes tribais que suplicavam desesperados pela paz; dessa vez, porém, os alamanos, informados de que Graciano os atacaria, fizeram algo que nunca haviam conseguido: colocaram todas as suas tribos de acordo, e reuniram em um mesmo lugar um número de guerreiros nunca visto. A expedição punitiva de Graciano além do Reno se transformou numa verdadeira campanha militar, e mesmo que, no final, os alamanos tenham sido derrotados e obrigados a capitular, vários meses já haviam se passado. A primavera do ano de 378 já havia terminado, e o exército do Ocidente ainda não se pusera em marcha para atravessar os Bálcás levando ajuda a Valente.

2

Valente, enfim, também partiu. Não podia continuar em Antióquia enquanto os bárbaros avançavam saqueando até os subúrbios da capital. Por isso, decidiu partir, embora provavelmente de má vontade; o enorme comboio da corte imperial, com os secretários e eunucos, os sacerdotes e as guardas, as concubinas e os escravos, atravessou a planície empoeirada da Anatólia e, após uma viagem que durou mais de um mês, chegou finalmente a Constantinopla. A estada do imperador na cidade, porém, foi muito breve. Apesar das obras públicas que financiara e do grande aqueduto que estava sendo construído, Valente não gozava de muita popularidade entre os habitantes da capital, os quais, por outro lado, não lhe agradavam nem um pouco. Logo depois que fora nomeado imperador do Oriente por seu irmão Valentiano, a população de Constantinopla apoiara a tentativa de usurpação do general Procópio, que comandava a guarnição da capital; por isso Valente não a amava muito e permanecia lá o menos possível. Assim que chegou, percebeu que o clima na cidade era pesado, as pessoas estavam assustadas por causa das notícias das atrocidades cometidas pelos godos, e irritadas com o governo, que não conseguia acabar com o problema. Valente foi vaiado nos jogos do hipódromo; e, logo em seguida, alguns incidentes em praça pública tomaram o lugar dos protestos e das vaias. O imperador decidiu que era o bastante e deixou a capital, indo se fechar em sua mansão de Melanthias, uma suntuosa residência de campo a vinte quilômetros de Constantinopla.

E foi justamente ali que Valente, livre para trabalhar, começou a juntar todas as tropas disponíveis para liquidar os godos de uma vez por todas. Assim que iam chegando de suas guarnições, os destacamentos eram revigorados com uma alimentação especial, recebiam os salários atrasados, e depois ficavam alinhados na praça de armas para ouvir os discursos do imperador, que os exortava a demonstrarem-se dignos de sua fama. O moral, ao que parece, era alto, provavelmente mais pela alimentação especial e pelos salários recebidos do que pelos discursos de Valente. Dentro de algumas semanas, todos os regimentos móveis ainda deslocados nas províncias orientais e toda a cavalaria da guarda imperial, que acompanhara Valente em sua viagem desde Antióquia, estavam ali reunidos. Quando conseguiu reunir forças suficientes, o imperador pôs-se em movimento. Já era pleno verão, os godos continuavam a correr livremente a Trácia com seus comboios de carros, sempre mais carregados de butim e de prisioneiros; a derrota diante do exército de Frigerido os enfraquecera, mas agora, com a bela estação, havia sempre novos bandos atravessando o Danúbio para se juntar a eles, para aproveitar também aquela benção. Se Valente não agisse rápido, os bárbaros se tornariam sempre mais fortes, ao passo que os humores da opinião pública, em todo o império, tornavam-se sempre mais sombrios. Estava claro que o imperador não podia mais se dar ao luxo de esperar. Seu sobrinho, Graciano, pouco mais que um menino, resolvera os problemas com os alamanos, e havia notícias precisas de que ele também estava chegando, subindo novamente o curso do Danúbio, com grande parte do exército do Ocidente. Os mensageiros relatavam que ele não estava bem de saúde, e que bandos de cavaleiros inimigos continuavam a atacar a vanguarda do exército para atrasar sua marcha; mas não restava dúvida de que, mais cedo ou mais tarde, ele apareceria na Trácia. Juntos, os dois imperadores teriam encurralado os bárbaros numa tenaz e os teriam aniquilado.

3

Enquanto o exército de Valente se preparava para marchar em direção ao interior da Trácia, que estava infestada de salteadores godos, o imperador e seus generais discutiam o plano de campanha. A experiência de um conflito que durava já dois anos ensinara que seria melhor não guerrear, a não ser em condições totalmente favoráveis e tendo absoluta certeza do sucesso. Um de nossos cronistas, o grego Eunápio, descreve essa situação segundo um esquema típico da sensibilidade antiga, reduzindo tudo a uma questão cultural. Uma pessoa bem educada, que leu os livros certos, aprendeu, pela experiência dos antigos, que não se deve nunca enfrentar diretamente um inimigo reduzido ao desespero, desprovido de qualquer saída e por isso mesmo pronto a combater até a morte. Para destruir esse inimigo, a melhor maneira é arrastar as coisas durante o maior tempo possível, tentando cortar-lhe os abastecimentos; caso tal estratégia desse certo, então até mesmo o número de inimigos se tornaria uma desvantagem para eles, porque quanto mais numerosos, mais ficariam atribulados para não morrer de fome.

Eunápio dá a entender que Valente não podia de forma alguma ter esse raciocínio, pois não estudara o bastante — e isso é justamente o que acontece quando se coloca no trono imperial alguém que não frequentou boas escolas! Mas, na realidade, parece que ele, pelo menos no início, entendera muito bem que não era o caso de se lançar com ímpeto excessivo contra o inimigo. Mesmo sem ter lido isso nos livros, a experiência daqueles dois anos de guerra ensinava que se podia ganhar muito arriscando pouco; para tanto, era preciso organizar aquela que, hoje, chamamos de estratégia de contraguerrilha; os romanos, na falta de uma reflexão teórica e de um vocabulário adequado a respeito, não possuíam nenhuma palavra apta a definir tal estratégia; simplesmente a praticavam. Tratava-se de percorrer o país com forças militares pouco numerosas, extremamente ágeis, precedidas por um grande número de exploradores; localizar o inimigo e organizar repentinos rastreamentos para deixar sem saída e destruir qualquer bando imprudente o bastante para cair na armadilha. Era preciso um especialista para organizar operações desse tipo, e Valente tinha um a seu dispor: Sebastião.

Todos os cronistas concordam quanto a Sebastião ser o melhor general da época, e que fizera uma rápida carreira porque o império precisava com urgência de soldados de muito talento, o que o levava, normalmente, a prestar atenção aos bons soldados. Sebastião não tinha vícios e vivia para a guerra; era atencioso com o bem-estar dos seus homens, mas não facilitava, diz Eunápio, e os mantinha sob uma rígida disciplina; por isso, como acontece nesses casos, era admirado, mas não amado. Não admitia a corrupção e nunca enriquecera, e até por isso incomodava muitos; era detestado pelos eunucos, que controlavam toda a vida da corte imperial e não perdiam de vista a prática das promoções; enfim, como era pobre, fora muito fácil se livrar dele. Na primeira oportunidade, tiraram-lhe o comando e o aposentaram. Mas, quando foi deflagrada a rebelião gótica, Sebastião, que se retirara e fora viver na Itália, pediu para retornar ao exército, e Valente, sem dar ouvidos aos eunucos, o chamou de volta.

4

Sebastião, então, foi encarregado de organizar um força móvel e começar operações que pudessem perturbar os godos, para enfraquecê-los aos poucos, enquanto os dois exércitos imperiais, o de Valente e o de Graciano, ainda estavam se aproximando. Perguntaram-lhe quantos homens queria; respondeu que dois mil seriam suficientes, desde que ele próprio pudesse escolhê-los. Essa foi uma agradável surpresa para Valente; ele até agora falara somente com generais que reclamavam de ter muito poucas tropas e pediam reforços. Sebastião explicou que, se as coisas caminhassem como pensava, muito em breve os outros destacamentos disputariam entre si para combater como voluntários junto dele, porque não era verdade, como pensavam os eunucos, que ele fosse indiferente à riqueza: quem, sob seu comando, combatesse bem e obedecesse às ordens, enriqueceria; mas por meio do butim que tomaria do inimigo, e não com as propinas ou com as extorsões contra os civis, como acontecia em outros destacamentos.

Essa resposta nos ajuda a entender por que Sebastião era tão pouco amado pelos colegas; e logo se viu que ele não se vangloriava apenas, mas realmente cumpria o que dizia. Todas as informações disponíveis relatavam que os bárbaros haviam montado dois grandes acampamentos permanentes, cada um deles com milhares de carros; um, muito ao norte, perto do Danúbio; e o outro antes dos Bálcãs, na cidade de Beroea, exatamente onde, no ano anterior, acampara o exército de Frigerido, com o objetivo de dominar tanto as estradas para o norte como as que levavam a oeste, em direção ao império do Ocidente. Era como se os bárbaros estivessem se organizando para transformar os saques da Trácia, antes uma atividade improvisada, em uma espécie de indústria permanente. Os acampamentos fixos, interligados entre si, eram como dois postos intermediários, fortificados e inexpugnáveis, que permitiam remeter o butim e os escravos para o norte, em direção ao país dos godos. Os bandos de saqueadores saíam com regularidade desses acampamentos fortificados para inspecionar as redondezas, região após região, e depois retornavam carregados. Um desses bandos de saqueadores avançara muito mais ao sul, até a região de Adrianópolis. Ali, porém, os prisioneiros lhes relataram que o imperador estava se aproximando à frente de um forte exército, e os godos então retornaram para a segurança de seus acampamentos.

Sebastião reuniu seus dois mil homens, escolhendo algumas centenas de cada um dos melhores regimentos; com esta *task force*, como a chamaríamos hoje, seguiu direto em ritmo acelerado para a perseguição. Os godos tinham alguns dias de vantagem, mas sua coluna era lenta, sobrecarregada de butim, de forma que era bem possível alcançá-los e aniquilá-los. Mas, quando os homens de Sebastião, lançados ao seu encalço, chegaram sob as muralhas de Adrianópolis, aconteceu um fato que dá a medida do clima de pânico e de histeria coletiva que se criara após o início da invasão dos godos: os habitantes se negaram a abrir as portas para os soldados, temendo uma traição. Somente depois de muita negociação aceitaram que Sebastião, sozinho, entrasse na cidade; os soldados tiveram que permanecer fora, acampados ao lado das muralhas.

5

Os cidadãos de Adrianópolis eram aqueles mesmos que nos primeiros dias da insurreição haviam agredido um destacamento de mercenários godos do exército imperial, aquartelados havia tempos na cidade; por isso esses mercenários, ao invés de partir para a Mesopotâmia, tinham se unido aos rebeldes. Dessa vez, depois de terem visto do alto de suas muralhas os bandos de saqueadores bárbaros percorrerem o campo, estavam tão aterrorizados que se negavam a abrir as portas para deixar entrar as tropas regulares sob o comando de Sebastião. A comparação entre os dois episódios nos dá a medida da desestruturação social provocada por aqueles dois anos de guerra, a qual, por certos aspectos, era quase uma guerra civil. De um lado havia os godos, que não eram, é bom lembrar, invasores, mas imigrados e refugiados que haviam se rebelado devido ao modo vergonhoso com que tinham sido tratados, tendo acolhido em suas filas uma multidão de desertores, criminosos e escravos fugitivos; do outro lado, havia os soldados do exército imperial, eles também em grande parte recrutados entre os bárbaros e os imigrados, e que chamavam sempre a atenção pela prepotência e brutalidade nos confrontos com os civis. Entre uns e outros, a população da grande cidade imperial não sabia de fato quem escolher, e acabava detestando os dois.

De um modo ou de outro, a noite passou, e ao amanhecer Sebastião se pôs em marcha com seus homens; a marcha durou o dia todo, e quando se aproximava o crepúsculo, seus exploradores informaram-lhe que os godos iriam passar a noite acampados perto dali, ao longo da Maritza, cujo vale acompanha, em direção ao ocidente, as montanhas de Rodope. Sebastião se aproximou silenciosamente do acampamento inimigo, mandou uma parte de seus homens descer o leito do rio, ao abrigo das barreiras, enquanto outros desciam mais além, escondidos pelo matagal; depois, esperou a noite cair e atacou. Surpreendidos durante o sono, os godos foram aniquilados; dessa vez, não houve prisioneiros, e foi recuperado todo o enorme butim que os bandos haviam acumulado durante algumas semanas de saques.

É o único episódio desse tipo contado em detalhes por Amiano Marcelino. Na realidade, é provável que Sebastião tenha levado adiante, por muito tempo e com êxito, sua tática de perturbar os godos, enquanto os exércitos dos dois imperadores se juntavam e se punham em marcha. Com a chegada do verão, Fritigerno e os outros chefes godos, que dirigiam as operações de seus acampamentos fortificados, devem ter começado a perceber que alguma coisa estava indo mal. O território não estava mais tão seguro para os godos como fora até aquele momento; alguns bandos de jovens enviados para saquear não voltavam, alguns acampamentos isolados eram atacados de surpresa e destruídos, mesmo o fluxo de butim começava a diminuir. Obviamente, algo não ia bem. Mesmo com todos os espiões e desertores informando que o exército de Valente ainda estava longe, Fritigerno decidiu não correr riscos: suspendeu todos os saques, reuniu novamente os bandos e ordenou que todos os chefes sob seu mando levantassem acampamento.

6

Os godos, portanto, desmontaram seus acampamentos fortificados e começaram sua marcha por toda a Trácia, para reunirem-se no lugar indicado por Fritigerno: a cidade de Cabyle, às margens do rio chamado hoje pelos búlgaros de Tundza. A escolha desse ponto de encontro certamente não foi casual, mas respondia a uma estratégia precisa, pois era, de fato, uma região central de onde, em caso de necessidade, a horda poderia tanto recuar até o Danúbio, protegida pelas montanhas, como lançar-se para o oriente, em direção ao mar Negro; ou, ainda, dirigir-se novamente para o sul para recomeçar os saques e desafiar o inimigo à batalha. Pouco menos de uma centena de quilômetros, descendo o curso do rio Tundza em direção a Adrianópolis, separava esse lugar de Cabyle, onde o acampamento de carros aumentava sempre, à medida que chegavam os bandos mais dispersos.

Nesse ínterim, Valente também se movera. Os mensageiros provenientes do Ocidente confirmavam que seu sobrinho Graciano debelara a ameaça dos bárbaros na região do Reno, e estava se aproximando com seu exército. Os relatórios de Sebastião, além disso, sempre mencionavam bandos de rebeldes interceptados e destruídos, além de butim recuperado. Pode ser que ele gostasse de exagerar um pouco seus sucessos, conforme Amiano Marcelino observa maldosamente; mas, de qualquer maneira, houve na verdade vários deles. Valente, como todos ao seu redor, teve a sensação de que chegara à fase final da campanha, e também ao momento para ele, o Augusto, fazer-se notar, concluir a partida e colher os louros da façanha. Graciano, que era somente um rapaz, já vencera uma guerra; com certeza não era possível deixá-lo vencer outra, e muito menos deixar que toda a glória de ter derrotado os godos fosse colhida por um homem útil, mas antipático, como Sebastião. Por isso, Valente partiu de sua mansão suburbana levando todo o exército que se reunira ali nas últimas semanas e marchou para o interior da Trácia, decidido a atacar o centro das forças inimigas e aniquilá-las num só golpe.

É impossível, hoje, estabelecer a quantidade de homens que compunha o exército de Valente, e mesmo os cálculos hipotéticos feitos pelos historiadores divergem muito entre si: os mais verossímeis giram em torno de quinze ou vinte mil homens. Para nós, podem parecer poucos, até porque estamos habituados desde os bancos de escola a números enormes que os historiadores latinos atribuem aos exércitos da antiguidade; mas essas cifras são em grande parte imaginárias, a realidade sendo muito mais modesta. Para juntar vinte mil homens, depois das perdas que os godos já tinham inflingido em quase dois anos de guerra, Valente teria tido de raspar o fundo do tacho, deixando nas fronteiras somente as tropas menos móveis e menos treinadas. Somente na margem do Eufrates, na fronteira com a Pérsia, era indispensável deixar uma força de dissuasão bastante consistente; mas, com exceção desta, o imperador tinha consigo praticamente todos os regimentos ainda disponíveis no Oriente, além de todas as *scholae*, isto é, a cavalaria da guarda imperial. Para a época, era um exército bastante forte, talvez não enorme, mas, de qualquer maneira, bem respeitável. Amiano Marcelino diz que era um exército numeroso, e acrescenta que muitos veteranos tinham sido chamados novamente de volta apenas para aquela campanha. Eram tropas bem pagas e ainda com um forte sentimento de solidariedade. Seriam suficientes, sem dúvida, para acabar com aqueles bandos de maltrapilhos que havia já algum tempo assolavam a Trácia.

CAPÍTULO IX
ADRIANÓPOLIS, 9 DE AGOSTO DE 378

1

Os movimentos dos godos e do exército de Valente nos primeiros dias de agosto não são fáceis de reconstituir. Adrianópolis foi a primeira grande cidade que o imperador encontrou em seu caminho depois de deixar os subúrbios da capital; os bárbaros, porém, não tinham mais avançado até ali depois da última vitória de Sebastião, e Valente, quando chegou em Adrianópolis, decidiu ir ainda mais adiante, em direção aos montes Ródope, na esperança de avistar o inimigo. Mas os godos também se movimentaram, descendo de Cabyle para o sul, como se Fritigerno, informado de que o imperador em pessoa o perseguia, tivesse se decidido a enfrentá-lo. E realmente não era para se admirar, conhecendo-se a ética guerreira dos godos e a lucidez que Fritigerno demonstrara até aquele momento. Entre os dois adversários, quem se movimentava mais às cegas eram os romanos; eles dispunham de bastante cavalaria, mas parece que as operações de reconhecimento não eram muito eficientes (é verdade que pelo menos uma parte dessa cavalaria era cavalaria pesada, formada por elementos couraçados, os *clibanarii*, como eram chamados, isto é, cavaleiros que combatiam completamente fechados dentro de armaduras impenetráveis, e que com certeza não podiam ser utilizados para explorar o terreno). O exército de Valente já avançara bastante para o ocidente em sua marcha rumo às montanhas, onde ele pensava estar ainda acampado o inimigo, quando uma patrulha de exploradores veio relatar que os godos estavam muito mais perto do que o previsto, desciam o vale do rio Tundza, e existia a possibilidade real de que despontassem à vista de Adrianópolis, por trás da coluna romana.

É impossível não reconhecer, também nesse caso, a habilidade estratégica de Fritigerno, que, evidentemente, pensava em bloquear a estrada de Constantinopla, interromper os abastecimentos e eliminar a possibilidade da retirada, forçando Valente a combater em terreno desfavorável. O imperador, porém, começava a aprender e reagiu rápido. Os godos estavam atravessando uma zona montanhosa, onde se movimentavam com bastante dificuldade, e ainda era possível bloqueá-los antes que completassem a manobra do cerco aos romanos. Valente mandou algumas tropas hábeis e velozes, além de cavalaria e de arqueiros, para ocupar os passos pelos quais os godos poderiam despontar. Os bárbaros, de sua parte, procediam com cautela, não querendo correr o risco de serem atacados de surpresa; portanto, procuraram não forçar a marcha, e deram uma volta ainda maior na montanha. A ideia era ainda a de despontar na planície e cortar a estrada de Constantinopla, mas a essa altura os romanos já tinham descoberto suas posições, e não se podia contar mais com o efeito-surpresa. Com base nos relatórios que recebia, Valente não tinha como determinar a força exata do inimigo; não sabia se estava enfrentando a maior parte do exército ou uma força militar isolada, que poderia ser derrotada com facilidade. Finalmente, chegou um relatório mais preciso. Segundo uma patrulha de exploradores que observara por muito tempo o inimigo em marcha, não havia mais de dez mil homens. Valente talvez tivesse mais que o dobro. Sem pestanejar, então, voltou a Adrianópolis para atacar os godos assim que descessem à planície.

2

Assim, o exército de Valente chegou aos subúrbios de Adrianópolis e acampou ali, montando um acampamento fortificado, com fosso e paliçada. Os romanos sempre agiam dessa forma quando acampavam na presença do inimigo, e com sucesso, de maneira que nenhum comandante negligenciaria uma precaução tão elementar. Mas, na realidade, Valente devia estar muito tranquilo. A força inimiga que avançava em direção a ele, seguida e mantida sob controle por seus exploradores, era mais fraca do que a sua; além do mais, esperava-se também a chegada, dentro de alguns dias, vindo do vale da Maritza, da vanguarda do exército de Graciano. Pouco tempo depois, de fato, apareceu no acampamento um dos generais do sobrinho de Valente, o mesmo Ricomere, comandante da guarda imperial do Ocidente, que dirigira as forças romanas na batalha dos Salgueiros. Ricomere levava uma carta de seu imperador, na qual este prometia estar junto dele em breve, aconselhando-o a não correr riscos e esperar até sua chegada.

Como se pode imaginar, a carta do sobrinho tão jovem não era para deixar Valente de bom humor. Ele reuniu seu conselho de guerra e perguntou aos generais o que era preciso fazer. Muitos acharam que Graciano tinha razão: era tolice correr riscos, quando, dentro de poucos dias, os dois exércitos poderiam se reunir. A linha da prudência era encabeçada pelo comandante da cavalaria, Vittore, outro personagem que vale a pena conhecer mais a fundo, pois era um típico representante das elites militares da época. Ele também era filho de imigrados, um sármata, originário, portanto, daqueles povos das estepes conhecidos por seu ímpeto, assim como os godos — e, no entanto, diz Amiano Marcelino, não apresentava realmente nenhuma característica étnica: "Embora fosse sármata, era prudente e temporizador." Em suma, era outro daqueles militares de carreira que se tornara romano até o âmago, mesmo que talvez conservasse ainda algo de estrangeiro nos traços físicos e no sotaque. De resto, era um católico convicto e até mesmo dedicado, que se correspondia com alguns padres da Igreja, como São Basílio e São Gregório de Nazianzo, e que acompanhava com atenção os debates teológicos da época. E, por ser católico, talvez o imperador, que era ariano, não o amasse muito, mas sabia que era um homem valioso e não tinha nenhuma intenção de abrir mão dele.

Vittore e muitos outros, portanto, aconselhavam a prudência; mas Sebastião, com todo o prestígio e o entusiasmo por suas recentes vitórias, tomou o partido oposto, afirmando ser necessário atacar. Os generais mais diplomáticos, aqueles que adivinhavam a vontade do chefe antes de declarar publicamente sua posição, perceberam logo que Valente estava mais inclinado a seguir o conselho de Sebastião. Naquele momento, sua posição política em Constantinopla era muito delicada, ele precisava de uma grande vitória, e não queria dividi-la com Graciano. Desse modo, ao final, um pouco pelo otimismo contagiante de Sebastião, um pouco por espírito cortesão, o conselho de guerra decidiu atacar.

3

Era o dia 8 de agosto. No acampamento de Valente, nas imediações de Adrianópolis, já se espalhara a notícia de que, no dia seguinte, o exército sairia ao encontro dos bárbaros para destruí-los. Enquanto os soldados lustravam as armas e cuidavam dos cavalos, apresentou-se ao acampamento um grupo de godos enviado por Frigiterno para negociar. O chefe deles era um sacerdote godo, ariano, evidentemente, como o imperador; ele levava uma carta do chefe supremo, pedindo para negociar.

A chegada dessa embaixada confiada a um sacerdote cristão assinala um momento extraordinário na longa e complicada história da convivência entre Roma e os bárbaros. Os godos, como sabemos, em parte já eram cristãos, mas ainda não estavam todos convertidos; ao contrário, talvez nem mesmo a maioria tivesse se convertido ao cristianismo. O Império Romano era oficialmente cristão, mas na realidade havia ainda muitíssimos pagãos e, principalmente entre os intelectuais, ainda se percebia certa hostilidade com relação ao cristianismo, embora fosse melhor não ostentá-la em público. Esses selvagens que desejavam se converter ao cristianismo, com seus padres e bispos bárbaros, eram motivo de especial irritação para os intelectuais pagãos, que não perdiam a oportunidade de expô-los ao ridículo. Amiano Marcelino, sem dar muitos detalhes, diz apenas que o enviado dos godos era "um padre cristão, conforme eles o chamam"; entretanto, nossa outra testemunha, Eunápio, aproveita a ocasião para desabafar. "Todas estas tribos bárbaras que inundam o império", diz ele, "carregam consigo os ídolos dos seus deuses, e os sacerdotes e as sacerdotisas de seus cultos pagãos, continuando a celebrar seus ritos ancestrais." Porém, continua, "mantêm uma absoluta discrição, e sobre estas coisas reina um impenetrável silêncio, eles nunca falam dos seus mistérios"; "ao contrário, para melhor enganar os romanos, fingem ser todos cristãos. Mas esse não deixa de ser um estratagema", diz ainda o historiador pagão. Eles fantasiam um deles de bispo e o mandam para a frente com todos os paramentos para enganar os ingênuos; estão prontos a jurar sobre a Bíblia e suas relíquias, juramentos esses que os imperadores levam a sério, enquanto, aos seus olhos, não passam de uma gozação. Têm até mesmo "alguém daquela raça dos chamados monges" travestido para imitar nossos monges; e do que precisaria para tanto? Uma túnica surrada e um manto cinza, apenas. No entanto, e é justamente isto que faz Eunápio perder a paciência, todos acreditam nessa encenação, e os cristãos estão prontos a abraçá-los como irmãos; até pessoas normalmente sensatas acreditam mesmo que eles tenham se tornado todos cristãos, e que para eles os rituais desta fé tenham valor autêntico.

Obviamente, não podemos considerar ao pé da letra a versão de Eunápio. Convencido de que o cristianismo era uma loucura coletiva que estava levando o império à catástrofe, o historiador grego contrapõe, de forma positiva, à estupidez dos romanos a astúcia dos bárbaros, que entenderam perfeitamente como deviam se comportar para ter sucesso perante o inimigo, mas na intimidade continuavam a praticar "sincera e nobremente" seus rituais ancestrais. Na realidade, a conversão dos godos ao cristianismo não era nenhuma gozação; a versão de Eunápio é apenas uma interpretação, digamos assim, criativa de um escritor pagão ressabiado com os cristãos. Mas é fascinante, de qualquer maneira, constatar que, quando os chefes godos decidiram mandar alguém até Valente para negociar, mandaram um padre, como se na verdade pensassem, de boa ou má fé, que, ostentando sua adesão ao cristianismo, seriam mais facilmente ouvidos pelo imperador.

4

Valente deu ordem para deixar que entrassem no acampamento os enviados dos godos e aceitou recebê-los. Além do padre, a missão era composta de pessoas sem nenhuma importância, não por nobres guerreiros. Isso era, da parte dos godos, uma falta de educação; mas, afinal, eles eram bárbaros, e não se podia esperar que conhecessem as regras da diplomacia. O padre mostrou a Valente uma carta de Fritigerno, provavelmente escrita em latim ou em grego, pois, entre os godos, havia com certeza muita gente que falava as línguas do império; e se, ao contrário, estivesse escrita em gótico, teriam utilizado, sem dúvida, aquele alfabeto que Ulfila inventara para traduzir a Bíblia, e o padre teria sido encarregado de traduzi-la. Desse padre nada sabemos, nem mesmo seu nome, mas devia se tratar de um personagem de certa importância, um confidente de Fritigerno, porque, além da carta, ele tinha também uma mensagem secreta do chefe a ser entregue, em particular, ao imperador. Na carta pública, Fritigerno lembrava que, se ele e sua gente se encontravam em território romano, era porque tinham sido aceitos como refugiados, e a guerra os expulsara do seu país, obrigando-os a pedir asilo. Além de conceder-lhes permissão para atravessar o Danúbio e procurar refúgio no império, Valente prometera também terra e gado; agora, os godos pediam somente o cumprimento da promessa, e estavam dispostos a viver em paz, ali mesmo na Trácia, como súditos fiéis do imperador. Aqui termina a carta oficial, escrita de comum acordo entre todos os chefes godos. Na carta secreta, Fritigerno explicava que ele sempre quis assinar a paz, mas os outros chefes e os guerreiros não queriam saber disso, e sua arrogância lhes subira à cabeça; todavia, continuava a carta, assim que o imperador chegar com seu exército, os meus se darão conta da potência de Roma, sem dúvida se acalmarão, e então poderemos negociar um acordo.

É impossível dizer, hoje, se a oferta de Fritigerno era sincera. Certamente, um chefe mais ou menos romanizado tinha ótimas possibilidades de carreira também a serviço do império, e não há nada de estranho naquela proposta; mas era mais provável que ele quisesse manter abertas todas as possibilidades, esperando para ver que rumo tomariam as coisas. De um ponto de vista puramente militar, ele estava com problemas sérios, a tentativa de cercar o exército de Valente e ocupar posição entre ele e a capital fracassara. Não restava nada a não ser guerrear em campo aberto, arriscando tudo, ou então negociar; pode ser que o próprio Fritigerno não conseguisse decidir entre as alternativas. Ao final, Valente percebeu que essas cartas eram um pouco estranhas, e assim mandou embora os embaixadores e se preparou para sair do acampamento, enfrentar o inimigo e ver o que aconteceria; pois, mesmo que Fritigerno não estivesse mentindo, teria sido necessária, de qualquer maneira, uma demonstração de força que obrigasse os bárbaros a se submeterem.

5

Ao alvorecer do dia 9 de agosto, o exército de Valente saiu do acampamento e começou sua marcha para alcançar os godos. O tesouro, que acompanhava sempre a pessoa do imperador, junto com as insígnias da dignidade imperial, foi colocado em lugar seguro dentro de Adrianópolis, sob a responsabilidade dos ministros civis que vieram com o soberano. As bagagens e os comboios do exército — os carros cheios de mantimentos e os animais de carga — permaneceram no acampamento próximo das muralhas da cidade, e vários destacamentos ficaram ali de guarda.

O terreno do lado de fora de Adrianópolis era montanhoso. Uma coluna em marcha tinha dificuldade para atravessá-lo porque não havia uma estrada de verdade, apenas uma pista de terra; a única grande estrada romana, naquela região, era a via Egnatia, que partia da capital, passava por dentro de Adrianópolis e prosseguia rumo ao ocidente. Para alcançar os godos, no entanto, Valente deveria marchar com seu exército em direção ao norte. Era um verão tórrido; os campos estavam áridos, secos, e as tropas levantavam uma imensa nuvem de poeira ao marchar. Era preciso atravessar diversos rios pequenos, que estavam todos secos, e a grama dos prados ficava amarelada. A marcha durou toda a manhã. Era quase a hora oitava dos romanos, isto é, entre uma e duas da tarde, quando finalmente a região onde os godos estavam acampados apareceu à vista.

Naturalmente, os generais romanos sabiam que os inimigos estavam ali, pois os exploradores a cavalo não os perdiam de vista. Estavam entrincheirados, como de costume, dentro do imenso círculo dos seus carros, fora do qual não se via ninguém. Os godos também sabiam que o inimigo estava chegando por causa da nuvem de poeira que levantavam. E, quando a vanguarda romana surgiu no horizonte, levantou-se dos carros, cheios de guerreiros escondidos, um coro de gritos, desafios e insultos.

O lugar exato onde estavam acampados os godos, e no qual ocorreu a batalha de Adrianópolis, nunca foi identificado com precisão, mas foram aventadas algumas hipóteses confiáveis; à mesma distância da cidade, pelo que podemos deduzir da narrativa de Amiano, há um vilarejo turco chamado Muratçali, já que estamos na Turquia europeia, quase na fronteira com a Bulgária. O vilarejo fica escondido entre colinas baixas, onde, na época, deviam existir muitos vinhedos e oliveiras, e há também uma nascente de água; enfim, tratava-se de uma ótima posição para um acampamento, e fácil de defender se a barricada dos carros fosse posicionada nas colinas ao redor.

Quantos homens possuía Fritigerno? Isso é, mais uma vez, difícil definir; os exploradores haviam contado dez mil, e, normalmente, pensa-se que eles tivessem se enganado, mas talvez não muito. Valente tinha mais guerreiros; mas o imperador ignorava um fato crucial, o de que o acampamento não abrigava toda a força gótica, porque grande parte da cavalaria fora, com os bandos dos alanos e de hunos, procurar forragem em outro lugar, e a inspeção romana não percebera isso. De qualquer maneira, até quando os bárbaros permaneciam fechados em seu cinturão de carros era impossível contá-los, e Valente não tinha nenhum motivo para mudar de ideia.

Lentamente, com método, segundo uma sequência precisa de comandos, a infantaria romana começou a se alinhar em ordem de batalha, mantendo sob controle o círculo dos carros, enquanto a cavalaria se alastrava com rapidez pelas laterais, empurrando para a frente, como para avaliar e talvez cercar a posição inimiga.

6

Como era composto, exatamente, o exército de Valente? Esta é uma pergunta à qual nunca poderemos responder, porque o único documento que relaciona todos os regimentos do Império Romano do Oriente e do Ocidente — um documento precioso e famosíssimo, chamado *Notitia dignitatum* — foi redigido após Adrianópolis, e provavelmente não foram incluídos muitos regimentos destruídos na batalha. Através de cálculos, e de comparações entre os destacamentos deslocados para o Ocidente e para o Oriente, estimou-se que quatorze regimentos de infantaria teriam sido dizimados em Adrianópolis, e nunca mais reconstituídos.

Neste ponto, porém, é necessário explicar porque usamos este termo que parece moderno, "regimentos", ao invés de legiões. O fato é que a composição do exército romano mudara muito em relação à época clássica. Ainda havia as legiões, ou pelo menos alguns destacamentos assim chamados; mas a grande maioria das legiões antigas, com seus nomes gloriosos que remetiam a César e Augusto, a Ferrata, a Vitoriosa, a Fulminante, encontrava-se dispersa em pequenos destacamentos ao longo dos milhares de quilômetros das fonteiras do império.

Os exércitos móveis, que os imperadores mantinham sob seu controle direto, eram formados por outros dois tipos de unidades. Um ainda chamava-se legião, mas não tinha mais muito em comum com as legiões clássicas; aquelas, de fato, eram falanges enormes, de cinco ou seis mil homens cada uma; três ou quatro, portanto, eram suficientes para constituir um grande exército. As legiões do tardo império, ao invés disso, eram destacamentos pequenos, não mais de mil homens oficialmente, porém na realidade menos, o que equivalia a um batalhão moderno. Ao lado das legiões havia os *auxilia,* que, originalmente, eram destacamentos de segunda categoria, recrutados entre as populações bárbaras submissas — e que agora não eram mais, de forma alguma, de segunda categoria, pois os soldados bárbaros eram considerados até melhores. As dimensões dos *auxilia*, entretanto, eram inferiores àquelas das legiões, perfazendo não mais, talvez, que algumas centenas de homens. Todos esses destacamentos possuíam nomes fantasiosos, que se referiam às armas de que eram providos, ou às tribos nas quais tinham sido recrutados, ou ainda ao imperador que os criara. Nós sabemos os nomes de duas legiões que estavam com Valente em Adrianópolis: os *Lanciarii* e os *Mattiarii*. Conhecemos também o nome de um destacamento dos *auxilia*: os Batavos, recrutados entre os germanos que viviam no delta do Reno. Com base no cálculo das perdas de que falamos acima, podemos concluir que os destacamentos presentes no exército de Valente, legiões e *auxilia*, eram, no total, cerca de vinte.

E, na sequência, havia a cavalaria, que os romanos já tinham fortalecido havia muito tempo, enquanto antigamente era a parte mais fraca de seu exército. Havia os regimentos de cavalaria da guarda, as *scholae,* e os de cavalaria de linha, com nomes complicados como *Equites promoti iuniores*, além de uma hierarquia também complicada de títulos honoríficos. Não sabemos ao certo as dimensões desses regimentos, mas não deviam ser enormes; talvez cada uma das prestigiosas *scholae* beirasse os quinhentos homens, enquanto os outros regimentos não deviam chegar a tanto, especialmente levando-se em conta os enormes custos em equipamentos e montaria demandados pela cavalaria. Era um exército muito diferente daquele de Júlio César; e não só porque a infantaria, como já sabemos, não mais usava o gládio, e sim a lança, e combatia em formação cerrada, composta por seis ou até oito fileiras de soldados, como a antiga falange dos macedônios. A cavalaria de assalto, pesadamente blindada, já se parecia com a cavalaria medieval, com exceção de uma peculiaridade decisiva: os romanos desconheciam o estribo. Além disso, havia muitos arqueiros, muito mais do que no passado, a pé e também a cavalo, como era costume nos povos do Oriente. O exército romano, em suma, mudara com o decorrer do tempo, pois enfrentava inimigos sempre diferentes; mas a disciplina era a mesma de outrora, os soldados eram veteranos com muitos anos de ofício, o espírito de corpo era forte.

7

Naquele começo de tarde de 9 de agosto, sob um sol quase a pino, os destacamentos estavam reunidos em perfeita ordem, em torno de seus estandartes em forma de dragão. Aos gritos de provocação dos bárbaros, respondiam com o bramido profundo do *barritus*, batendo ritmicamente com as lanças contra os escudos, com um estrondo sombrio e ameaçador que se espalhava por toda a planície. Na ala direita da formação romana, a cavalaria alinhara-se com rapidez e já alcançava a linha das colinas onde estavam os carros dos bárbaros. A cavalaria da ala esquerda, que formava a retaguarda da coluna de marcha, estava atrasada e não terminara ainda de tomar posição, mas recuperava rapidamente o tempo perdido. A infantaria estava alinhada no centro, uns vinte destacamentos, com cerca de quinze mil homens. Sobre o escudo redondo havia uma insígnia que distinguia os soldados dos vários regimentos. A insígnia dos *Lanciarii*, por exemplo, era um sol de ouro num campo vermelho. Assim que chegaram à posição de ataque diante da barricada dos carros, os arqueiros começaram a atirar, mais para assustar o inimigo do que para causar danos reais. E o inimigo, de fato, se assustou. Mais uma vez, os emissários saíram dos carros, e foram conduzidos à presença do imperador.

Amiano Marcelino estava convencido de que todas essas negociações propostas pelos bárbaros não passaram de um plano para ganhar tempo. Fritigerno esperava o retorno da cavalaria, que não devia estar muito longe, e com certeza perceberá o avanço do exército romano ao ver uma nuvem de poeira no horizonte. Segundo Amiano, os godos queriam apenas ganhar tempo, e deram um jeito de prolongar propositalmente as negociações. Fritigerno mandara desta vez também uma missão composta por guerreiros comuns, sem nenhum chefe; Valente se ofendeu, e disse que estava até disposto a negociar e oferecer condições de paz, mas precisava tratar com os chefes; caso contrário, quem podia garantir-lhe o respeito aos acordos? Enquanto se discutia, o sol começava a se pôr, na tórrida tarde de agosto. Naquelas latitudes, a temperatura de verão alcança até mesmo quarenta graus, e os soldados romanos, imóveis em seu alinhamento, tinham pouco para beber e comer. Após a refeição da manhã, não fora distribuído mais nada, e os cavalos também começavam a sofrer a sede. Em alguns pontos, na planície, a grama seca começou a pegar fogo, e o vento empurrava a fumaça acre em direção aos romanos; segundo Amiano, os godos haviam preparado a lenha e os combustíveis para atear esses incêndios. Finalmente, seus enviados aceitaram retornar até Fritigerno para lhe dizer que o imperador estava disposto a negociar, mas queria que as conversações fossem feitas com os chefes.

Não está de todo claro por que Valente resolveu negociar, visto que saíra de Adrianópolis tão decidido a acabar com os bárbaros. Pode ser que a visão do imenso amontoado de carros o tenha convencido de que o inimigo era mais forte do que lhe haviam dito; ou, talvez, foi simplesmente o antigo reflexo condicionado de todos os governantes romanos naquela época em que o império tinha uma necessidade desesperada de mão de obra. Ali, naqueles carros, havia uma mão de obra preciosa, homens aptos que podiam ser logo arrolados no exército, ou mandados como colonos para cultivar os latifúndios do patrimônio público, como acontecera poucos meses antes com os prisioneiros taifales deportados para a Itália, alocados com êxito na planície Padana. Matar todos, agora que estavam praticamente em suas mãos, teria sido um desperdício.

8

Fritigerno foi informado de que Valente estava disposto a negociar, mas somente com os chefes, e mandou responder que iria pessoalmente; porém, exigiu que um romano de alta patente ficasse como refém junto aos godos, para ter certeza de que ninguém lhe pregaria uma peça. Se nos lembramos de que Fritigerno já escapara uma vez, por milagre, do famoso banquete dado por Lupicínio, no qual os romanos tinham tentado eliminá-lo, sua preocupação não era infundada; de qualquer forma, não basta este enésimo adiamento para se ter certeza de que ele já estivesse pensando em traição. Tanto é que, quando um guerreiro godo retornou para propor sua condição, Valente e seus conselheiros não a consideraram inaceitável, e começaram logo a discutir sobre quem devia ir como refém ao acampamento inimigo.

No início, Valente propôs mandar um parente seu, Equício, um alto oficial, que naquele momento tinha como função administrar o palácio imperial. Todos os presentes mostraram-se logo de acordo, muito aliviados, provavelmente, por não terem sido eles os escolhidos. Mas Equício já ficara, uma vez, prisioneiro dos godos, conseguira escapar, e tinha tal recordação daquela experiência que ninguém conseguiu convencê-lo a voltar, nem mesmo o imperador. Então, o franco Ricomere, o comandante da guarda imperial do Ocidente, disse que iria, acrescentando, porém, com algum sarcasmo, que os homens corajosos se revelam em circunstâncias como aquela, e que ele estava pronto a arriscar sua vida para servir seu imperador, não fazendo, portanto, nenhuma diferença, para ele, arriscá-la como refém ou no campo de batalha. De qualquer forma, Ricomere demorou bastante para se aprontar. Era necessário levar junto as insígnias de sua nobreza, e as provas do seu parentesco com uma família franca de alta linhagem; caso contrário, os godos poderiam pensar que os romanos estavam tentando enganá-los, e que o imperador estava lhes mandando uma pessoa qualquer fantasiada de aristocrata.

Como se vê, ninguém confiava muito no oponente, embora se tenha a impressão de que, até o último momento, ao menos no que diz respeito aos romanos, todos tentassem honestamente facilitar as coisas para chegar de verdade a um acordo pacífico. É verdade que esta história é contada por um autor romano, o nosso Amiano Marcelino de sempre; talvez, se tivéssemos um relato escrito, digamos, por um padre godo, toda a questão poderia aparecer sob uma outra óptica. Era já fim de tarde, e os romanos estavam em armas desde o amanhecer, sem ter comido nada durante o dia; mas ainda estavam ali, batendo em seus escudos, ameaçando os inimigos com todo o fôlego que tinham. Ricomere, então, partiu a cavalo para servir de refém no acampamento dos godos, de maneira que as negociações pudessem começar realmente.

9

Quando o conde Ricomere saiu do alinhamento, restavam poucas horas de luz; todos, pelo menos os romanos, deviam estar convencidos de que, por enquanto, não haveria batalha. Os godos haviam insistido em negociar, e Valente, graças também à carta secreta de Fritigerno, pensava de verdade que seus chefes eram sinceros; os guerreiros precisariam ser convencidos a se entregar, pois isso não agrada realmente a ninguém, mas o imperador podia oferecer condições generosas, e os chefes explicariam aos seus homens que não havia mais nada a fazer.

Agora, os godos não estavam mais entrincheirados atrás de sua barricada de carros; desde o momento em que os romanos haviam se alinhado em formação de batalha a algumas centenas de metros de distância, os guerreiros tinham saído e tomado posição nas colinas na frente dos carros. De acordo com a maneira de combater dos nômades, o círculo dos carros servia como um acampamento fortificado, onde eram colocadas em segurança as mulheres e o butim, e para onde poderiam voltar para se defenderem caso houvesse complicações. Mas a verdadeira batalha se combatia fora, em campo aberto; aliás, o objetivo de quem se defendia era exatamente manter o inimigo o mais longe possível dos carros.

Por isso os godos, quando a vanguarda de Valente apareceu no horizonte, com certeza saíram e se juntaram em frente aos carros; protegidos por seus escudos de madeira, suportaram sem muitos danos as primeiras flechadas de advertência dos arqueiros romanos. Assim que começaram as negociações, provavelmente todos suspiraram aliviados durante um momento, e a tensão deve ter caído; mas mantinham sem dúvida o estado de alerta. De repente, a situação se precipitou. Ao que parece, a cavalaria da guarda, os regimentos de elite dos Escutários, que deveriam ter sido um pouco mais disciplinados, romperam as linhas antes dos outros. Talvez algum batalhão tenha avançado bastante, e os godos tiveram medo de serem atacados de forma traiçoeira; além disso, pode ser que os arqueiros a cavalo que acompanhavam a cavalaria, ao se encontrarem frente a frente com alvos tão convidativos, não tenham conseguido resistir à tentação e recomeçaram a atirar.

O comandante dos Escutários chamava-se Bacurio. Ele era mais um dos tantos oficiais estrangeiros do exército imperial, um príncipe do Cáucaso que, depois de Adrianópolis, ainda faria uma bela carreira; porém, pelo menos nessa ocasião, não soube controlar seus homens. Houve momentos em que os cavaleiros da guarda empurraram a cabeça de seus cavalos até quase em cima dos inimigos; tanto que os bárbaros, cansados da provocação, avançaram em massa, enquanto os cavaleiros e os arqueiros romanos, pegos de surpresa, recuaram desordenadamente, sob os olhos dos soldados de ambos os exércitos. Foi apenas um incidente localizado, mas bastou para a tensão voltar a subir. Ricomere, que estava quase chegando ao acampamento inimigo, percebeu que ir em frente naquele momento significava de fato arriscar a vida, e voltou. A partir desse instante, a negociação, que nunca começara de verdade, estava morta e enterrada.

10

Os dois exércitos, portanto, estavam frente a frente; os homens de ambos os lados estavam tensos e cansados, após um dia inteiro transcorrido em uma alternância de esperanças e desilusões. Naquele exato momento, completamente inesperada, ao menos pelos romanos, a cavalaria dos godos, dos hunos e dos alanos, que nos dias anteriores se distanciara para saquear, apareceu no meio das colinas. É provável que os cavaleiros tenham descido o leito do rio Tundza, onde a água devia ter pouco mais de um palmo de altura, naquela estação seca; por isso não levantavam poeira e conseguiram se aproximar muito do alinhamento dos romanos, sem que ninguém os percebesse, marchando no leito assoreado do rio. Não é preciso pensar que os chefes bárbaros estivessem todos de acordo, e que as tentativas de negociar por parte de Fritigerno fossem apenas um truque para ganhar tempo; com certeza, a cavalaria retornara apressadamente ao acampamento assim que percebeu que os romanos estavam avançando com todo seu exército. Quando chegaram lá, viram os godos todos juntos, defendendo o círculo dos carros, e os romanos alinhados em formação de batalha à sua frente; então, não pensaram em mais nada a não ser lançar-se ao assalto. Investiram contra a cavalaria romana, que avançara para proteger a ala esquerda. Num instante, a poeira levantada pela luta ficou tão alta que cobriu tudo.

A cavalaria romana, pega de surpresa, recuou e foi para cima dos soldados da infantaria. Mas a infantaria era sólida, composta por profissionais; os soldados resistiram e se puseram a gritar todos juntos, tanto que também a cavalaria, que recuava, conseguiu se reorganizar e, animada pelos gritos de encorajamento dos soldados, recomeçou a combater. Alguns destacamentos, provavelmente também pertencentes à cavalaria da guarda, que era formada por tropas de elite e possuía o equipamento mais pesado e os melhores cavalos, conseguiram dominar os inimigos que havia pela frente. Sob o impacto deles, os godos foram empurrados para trás, e, pela esquerda, a cavalaria romana conseguiu avançar até a barricada dos carros.

Enquanto isso, as duas massas dos soldados da infantaria também tinham se chocado ao longo de todo o alinhamento: duas hordas de homens cobertos de ferro que gritavam e tentavam esmagar e jogar para trás o inimigo com o peso de seus escudos, usando a espada e a lança nos interstícios entre um escudo e outro, enquanto os arqueiros e os fundeiros atiravam à queima-roupa. Os romanos estavam alinhados atrás da infantaria pesada, enquanto os godos esperavam sobre a barricada dos carros.

Se tivesse tido soldados de reserva, ou se os generais tivessem sido capazes de decidir qualquer coisa, no caos de uma batalha iniciada quase por acaso, o ataque da cavalaria romana pelo lado esquerdo poderia ter dado certo, o cinturão dos carros poderia ter sido rompido, os godos poderiam ter sido dizimados. Porém, aconteceu exatamente o contrário. A mesma cavalaria que repelira os inimigos, e conseguira avançar até os carros, a certo ponto se deu conta com horror de que ninguém a seguia. O resto da cavalaria, de fato, depois que o combate se fragmentara numa infinidade de duelos individuais, fora dominada, enquanto a cavalaria dos godos e dos alanos dava a volta por trás, surpreendendo os romanos pelos lados e pelas costas. Em questão de minutos, os regimentos da cavalaria pesada, que haviam combatido mais duramente e tinham chegado mais adiante, foram derrubados pela cavalaria inimiga, esmagados contra a barricada dos carros e destruídos por completo, em um caos de homens e cavalos mortos e mutilados.

11

Um exército antigo se alinhava sempre com a infantaria no centro e a cavalaria nos flancos; normalmente, havia pouca cavalaria, e todas as suas energias eram gastas para combater a cavalaria inimiga, de modo que a infantaria pudesse lutar quase sem se preocupar com isso. Os piores desastres da história militar romana corresponderam exatamente aos raros casos em que os romanos tinham enfrentado um inimigo capaz de colocar em campo uma cavalaria preponderante, que conseguira cercá-los. Assim acontecera em Cannes, contra Aníbal, e em Carres, na Mesopotâmia, quando Crasso, o rival de César e Pompeu, fora derrotado e morto pelos partos. Agora, porém, a cavalaria romana não era mais tão frágil; o exército imperial tinha se equipado para combater inimigos que tinham muita cavalaria e que sabiam usá-la. No entanto, pelo menos em Adrianópolis, isso não foi suficiente; a cavalaria dos bárbaros era bem numerosa e, sobretudo, aparecera de surpresa, com toda a vantagem do momento e do terreno. Ao final, a cavalaria romana foi varrida "como pelo rompimento de uma grande barragem".

E, então, se repetiu a situação de Cannes: a infantaria avançava a muito custo; de repente, enquanto subia em direção aos carros, a cavalaria inimiga atacou pelos lados e pelas costas. Instintivamente, os soldados começaram a recuar e a se amontoar uns sobre os outros para se afastarem do perigo, até formarem uma única massa coberta pelos escudos.

"Os soldados da infantaria", escreve Amiano Marcelino, "que ficaram desprotegidos, se juntaram em grupos tão apinhados uns sobre os outros, que mal podiam desembainhar a espada, ou mover os braços; por causa da poeira que se levantara, não se enxergava mais o céu, retumbante de gritos horríveis." Os arqueiros godos e hunos atiravam na multidão, mas não podiam provocar muitos danos contra os soldados cobertos pelas armaduras, e protegidos por seus grandes escudos de madeira; por isso, depois de algum tempo a cavalaria avançou, decidida a pisotear e espezinhar todo mundo. Mas a infantaria romana era formada por veteranos decididos a vender caro a vida; todas as vezes que a cavalaria atacava, a massa dos soldados fechava as fileiras e resistia. Eles lutaram durante um bom tempo; a resistência, porém, não podia durar para sempre. A infantaria era treinada para combater em ordem cerrada, usando a lança, mas após um combate tão longo a maior parte das lanças estava quebrada, e aos soldados sobrava somente a espada, inadequada para combater a cavalaria. Os escudos, que eram feitos de tábuas, iam também se quebrando com o transcorrer do combate, carregados, como eram, de flechas inimigas. Os romanos estavam cansados, atormentados pela sede e pelo calor, e combatiam num solo já encharcado de sangue, pisando nos companheiros mortos ou feridos. Conseguiram repelir outro ataque, depois mais outro; até que a maior parte se descontrolou e começou a fugir.

12

Após a cavalaria da guarda debandar, Valente se encontrava praticamente só com seus generais; quando entendeu que a batalha estava perdida, se refugiou em meio àqueles regimentos da infantaria que mantiam um mínimo de coesão e tentavam retirar-se em ordem, os *Lanciarii* e os *Mattiarii*. Vittore, o sármata, comandante da cavalaria, foi até o regimento dos Batavos, que tinham sido deixados de reserva, e tentou convencê-los a ir em frente com ele, para alcançar e levar a salvo o imperador. Mas os Batavos tinham entendido muito bem o que estava acontecendo, e negaram-se a segui-lo; depois, também fugiram. Então, Vittore decidiu que já fizera o bastante naquele dia, e pensou em salvar sua vida.

Muitos outros generais, percebendo que a batalha estava perdida, fugiram, e, como possuíam bons cavalos e homens bem pagos para escoltá-los, conseguiram se salvar; entre eles, Ricomere, que algumas horas antes se oferecera como refém para dar início às negociações de paz, e Saturnino, o mesmo que, no ano anterior, comandara as operações contra os godos nos Bálcãs. Mas quem não tinha um cavalo, não tinha esperança de se salvar. Nas batalhas da Antiguidade, este era o momento em que os derrotados sofriam as maiores perdas, e dessa vez também foi assim. Enquanto durou a luz do dia, os godos perseguiram os fugitivos, massacrando todos aqueles que conseguiam alcançar, sem conceder quartel nem a quem se rendia, nem a quem tentava resistir. Por sorte dos romanos, quando a debandada começou já estava escurecendo, e a perseguição não pôde durar muito tempo porque seria uma noite sem lua. Mas a maior parte dos veteranos do exército do Oriente ficou ali no campo de batalha. Caíram também alguns de seus generais: Trajano, que comandara as primeiras operações contra os godos dois anos antes; e Sebastião, que os combatera com tanto sucesso nos últimos meses. E caíram ainda altíssimos funcionários da corte, como Valeriano, responsável pelos cavalos do imperador, e Equício, administrador do palácio, o qual algumas horas antes se negara a ir como refém entre os bárbaros por ser muito perigoso; trinta e cinco oficiais superiores, entre comandantes de regimento e responsáveis pelo estado-maior imperial; e cerca de dois terços dos veteranos que Valente reunira de todas as guarnições do império.

Com relação a Valente, nunca mais se soube dele. É provável que tenha sido atingido por uma flecha enquanto estava no meio dos soldados, quando já escurecia, porque, caso contrário, alguém teria visto o ocorrido. Não é estranho que não tenha sido reconhecido, diz Amiano, porque, depois da batalha, alguns godos continuaram durante vários dias a circular no local, despindo os cadáveres; e, quando, finalmente, os camponeses da região tiveram coragem de aparecer para enterrar os mortos, o cadáver do imperador devia estar irreconhecível. Porém, algum tempo depois, circulava no império uma história ainda mais trágica, que Amiano relata por dever de cronista, embora não pareça dar muita fé a ela. Segundo essa versão, Valente, ferido, procurou abrigo num prédio rural, uma fazenda ou uma pequena torre, junto com seus guarda-costas e com algum eunuco do palácio que não quis abandoná-lo; quando os bárbaros chegaram lá, os romanos se entrincheiraram e negaram-se a se render. Talvez os inimigos os ignorassem e seguissem seu caminho; mas, do andar de cima do prédio, alguém começou a atirar flechas contra eles. Então os godos, enfurecidos, amontoaram feixes de lenha e de grama seca e atearam fogo no prédio, queimando vivos todos os que estavam ali dentro, inclusive o imperador.

CAPÍTULO X
APÓS O DESASTRE

1

A notícia da derrota de Adrianópolis e da morte de Valente causou uma grande comoção no Império Romano. Talvez não tanto, como poderíamos pensar com nossa mentalidade moderna, pelo choque de um imperador romano ter sido morto combatendo contra os bárbaros. Não era a primeira vez que isso acontecia. No século anterior, acontecera com Décio, exatamente contra os mesmos godos, que já naquela época tinham invadido os Bálcãs; outro imperador, Valeriano, fora derrotado e capturado pelos persas, e morto durante uma vergonhosa detenção (contam que o soberano inimigo o usava como banquinho para montar a cavalo). É verdade que haviam se passado mais de cem anos desde então, e nem sequer os idosos se lembravam mais de um desastre de tamanha importância; mas havia, igualmente, motivos de sobra para se considerar que a morte de um imperador em batalha não fosse um evento tão raro. O império conhecera muitos casos de generais que tomavam o poder e se autoproclamavam imperadores, até que algum outro general os desafiava; os perdedores normalmente eram mortos, e passavam para a história como usurpadores; mas, enquanto estavam vivos, eles também tinham sido adorados pelos súditos como imperadores legítimos. Na prática, a sacralidade do imperador era uma ficção, ou melhor, a função é que era sagrada, e não o homem. Eram sagrados a púrpura e o diadema, não o corpo que provisoriamente os ostentava.

Portanto, a comoção provocada pela notícia de Adrianópolis devia-se a outros motivos. Havia dois anos que a opinião pública seguia com a respiração presa a tragédia das províncias balcânicas; acompanhava-a através das poucas notícias liberadas pelo palácio imperial, e muito mais através dos boatos que corriam, os sussurros e as lendas metropolitanas. O medo ancestral dos bárbaros, que desde sempre ficara adormecido nas profundezas da mentalidade romana, de repente despertou. O medo é uma sensação forte, e as notícias que chegavam das zonas devastadas pelos godos pareciam feitas de propósito para reforçá-lo ainda mais. Basta observar a morbidez um pouco macabra com que os escritores da época, incluindo Amiano Marcelino, detinham-se sobre as histórias mais horripilantes e excitantes, descrevendo a crueldade dos bárbaros e aquilo que faziam às mulheres e aos prisioneiros. A opinião pública acompanhava a guerra com a respiração presa, mas não como às vezes se faz hoje em dia, quando se trata de horrores distantes que são vistos pela televisão, que não chegam e jamais chegarão a tais espectadores. Naqueles casos de outrora, a excitação era acentuada por saberem que tais coisas estavam acontecendo perto, dentro do império, e que podiam acontecer também com qualquer um se a situação piorasse.

    O imperador foi a campo com a fina flor de seu exército, um regimento após o outro, reluzindo de ferro, para acabar com os bárbaros de uma vez por todas; e todos tinham certeza de que os bárbaros se dariam mal. Afinal, o destino manifesto do império era vencer seus inimigos; a civilização sempre vence e os bárbaros sempre perdem, é assim que o mundo funcionava. E, ao invés disso, acontecera o impensável: os bárbaros é que tinham vencido. É fácil, portanto, perceber que a notícia provocou um trauma em todo o império.

2

Outro motivo que contribuiu para a notícia de Adrianópolis provocar uma comoção profunda está ligado à personalidade controvertida de Valente. Já sabemos que o irmão de Valentiniano não gozava de muita popularidade. Quando se soube que fora derrotado, e, sobretudo, quando ficou claro que não retornaria e que, com certeza, morrera durante a batalha, a reação das pessoas foi contrastante: de desolação, certamente, pois ele era o imperador, mas também de uma espécie de sombria satisfação. Muitos estavam prontos para dizer: "eu disse que, antes ou depois, isso tudo terminaria mal." Amiano Marcelino inicia seu relato sobre a guerra contra os godos descrevendo os sinais nefastos que haviam anunciado a morte de Valente, sinais que, segundo ele, tinham se difundido em todo o império desde que se soube da chegada dos godos. Naturalmente, eles também são lendas metropolitanas. Os antigos tinham a sincera convicção de que os grandes acontecimentos, principalmente as grandes desgraças e a morte dos homens ilustres, eram prenunciados por presságios e milagres; depois que uma catástrofe acontecia, todos acreditavam que antes houvera presságios.

A página na qual Amiano Marcelino descreve os presságios que prenunciaram o desastre de Adrianópolis e a morte de Valente deve ser lida com atenção. Em primeiro lugar porque nos oferece precioso testemunho do quanto eram supersticiosos os romanos, de uma superstição que nós preferimos associar antes à Idade Média, e que no entanto estava profundamente enraizada na mentalidade antiga; depois, porque nos permite entender melhor o clima que se criara depois da notícia, quando todos diziam que, sem sombra de dúvida, Valente acabaria se dando mal. A lista de presságios apresentada pelo cronista nos deixa estupefatos: previsões detalhadas de adivinhos prenunciando o desastre; lobos que uivavam; pássaros noturnos que cantavam lugubremente; e até mesmo o sol que se levantava mais pálido do que de costume.

E mais: Valente, algum tempo antes, mandara matar traiçoeiramente o rei da Armênia, e em outra ocasião condenara à morte um de seus ministros com uma acusação de traição provavelmente forjada. É preciso dizer que esse clima típico da era staliniana era normal no império, e que quase não existiu imperador que não tivesse instituído algum processo político e não tivesse mandado matar alguém. Então, após a morte de Valente, começaram a dizer que os fantasmas daqueles que ele mandara matar injustamente tinham aparecido, rangendo os dentes e murmurando cantilenas fúnebres de fazer arrepiar os cabelos.

E mais ainda: perto de Constantinopla foi encontrada uma vaca morta, com a garganta cortada; por alguma razão que ignoramos, esse fato foi considerado um presságio de grandes lutos públicos. Além disso, alguns pedreiros que estavam arrancando antigas pedras para utilizá-las numa construção nova, encontraram alguns versos gregos, gravados em tempos remotíssimos, que prenunciavam a invasão dos godos. Mas o presságio mais interessante dentre os narrados por Amiano é este: "Em Antióquia", diz ele, "nas brigas e nos tumultos do povo, quem se achasse vítima de uma violência costumava gritar com toda a força 'Que Valente morra queimado vivo!'." Esta é, realmente, a prova de que histórias desse tipo começaram a circular somente depois da batalha, ou seja, depois que se alastrara aquela outra lenda, também sem qualquer possibilidade de verificação, que dizia que Valente morrera queimado vivo numa fazenda. Mas os antigos acreditavam de verdade nessas coisas.

3

O mundo romano, então, era um mundo supersticioso, que acreditava cegamente nas adivinhações e nos preságios. Ao mesmo tempo, era também a sociedade que, lentamente, estava metabolizando a mensagem cristã, embora ficasse dividida também em relação ao significado dessa mensagem. Valente, como sabemos, era cristão, mas naquela época não bastava ser cristão, era preciso escolher entre a confissão ariana ou a católica. A concorrência era duríssima e dividia as comunidades. O que estava em jogo era algo muito concreto, pois não se tratava apenas de quem levaria a melhor junto à opinião pública, conquistando a maioria dos fiéis. Estava em jogo também a posse dos edifícios eclesiásticos e o controle de suas propriedades, que eram enormes. Valente tomava o partido dos arianos, nunca escondia isso. Quando se tratava de decidir se uma basílica devia ser administrada por padres arianos ou católicos, o imperador intervinha sempre em favor dos primeiros. Por isso, os católicos confiavam pouco nele; nas grandes cidades onde havia uma forte comunidade católica — incluindo a capital, Constantinopla —, ele era odiado. Portanto, podemos imaginar a reação do mundo católico quando se soube que Valente fora morto, e de que forma; sem contar que, por uma ironia cruel, seus assassinos eram bárbaros, em parte heréticos como ele.

Os cristãos desaprovavam as adivinhações e os preságios, que pertenciam, pelo menos oficialmente, à tradição pagã, embora na realidade todo mundo, sem distinção, acreditasse neles. Porém, se os vaticínios eram feitos por homens santos e continham uma advertência moral, a coisa mudava por completo. Nos meios ortodoxos, difundiu-se após a batalha o boato de que, quando Valente estava para sair de Constantinopla com o objetivo de enfrentar os godos, um santo monge, Isaque, que costumava falar claramente também com os poderosos e não tinha medo de nada, havia se apresentado ao imperador e lhe dissera mais ou menos isso: "Tome cuidado, chegou o momento de você parar de defender os heréticos e de perseguir os ortodoxos; devolva aos católicos as igrejas que confiscou para dar aos seus inimigos, e a vitória será sua." O imperador se ofendera, mandara prender o monge até seu retorno, quando decidiria de que maneira iria puni-lo; mas o monge respondeu: "Se não devolver as igrejas, não retornará."

É difícil dizer o quanto de realidade pode haver nessa história; mas, quando se soube que Valente não mais retornaria, os católicos começaram a divulgá-la como se fosse o Evangelho. A morte do imperador tornava-se um Juízo de Deus. O bispo de Milão, Santo Ambrósio, dirigiu-se ao imperador do Ocidente, Graciano, garantindo-lhe que Deus teria lhe concedido a vitória contra os godos, comparados aos povos bíblicos de Gog e Magog. A fé ortodoxa garantiria a vitória, enquanto a ruína de Valente era a justa punição para as perseguições contra os católicos.

Seria interessante saber o que os arianos pensavam a respeito disso tudo, eles que, naquela época, eram bastante numerosos, e até representaram, talvez, grande parte do império do Oriente; mas não sabemos, nem nunca saberemos, porque a confissão ortodoxa prevaleceu entre as duas, e poucos textos arianos chegaram até nós. Sabemos, em compensação, que os pagãos reagiram acusando, como era inevitável, a nova religião de ter provocado a cólera dos deuses, e privado o império da proteção deles. "Que não nos digam", brada o retórico Libânio, "que os generais eram uns incapazes, e os soldados, uns covardes; ao contrário, devemos celebrar a lembrança de sua luta, a coragem com que derramaram seu sangue e morreram lutando. Seu valor era o mesmo de seus antepassados; por amor à glória, suportaram o calor e a sede, o fogo e o ferro, preferindo a morte à vergonha." "Se o inimigo os derrotou", conclui o velho retórico grego, "estou convencido de que a causa é a cólera dos deuses contra nós."

4

A batalha de Adrianópolis, então, foi um trauma para todo o mundo antigo. Amiano Marcelino conclui sua obra com a descrição dessa batalha, pois o valor simbólico de Adrianópolis lhe parece decisivo; o resto, diz ele, pode ser escrito por alguém mais jovem, se tiver vontade. Mas é claro que, para ele, a história do Império Romano termina ali, como se chegasse a um ponto final.

Os historiadores modernos retomaram esse ponto de vista. Sabemos que as datas simbólicas, capazes de assinalar de modo preciso o fim de uma época e o início de outra, não são tantas assim na história, e, quando há uma que parece se adequar como marco, os historiadores não a deixam escapar. Os autores dos séculos passados, aqueles que modelaram a nossa imagem da Antiguidade e da Idade Média, logo perceberam que Adrianópolis tinha todas as características para ser uma data desse tipo. Era um ponto de partida de uma crise que, com o passar do tempo, se concluiria com o desaparecimento do Império Romano do Ocidente. Antes disso, o império já conhecera muitos desastres, mas sempre tinha se reerguido; depois das invasões bárbaras e das guerras civis do século III, existiram grandes imperadores, como Diocleciano e Constantino, e homens desse nível ainda faziam parte da grande história do Império Romano. Mas, depois de Adrianópolis, parecia ser possível dizer que aquela história terminara, e que outra estava começando, muito menos gratificante, segundo o ponto de vista de então: a do Império Bizantino.

Mas há também outra razão que fez os historiadores pensarem que Adrianópolis marcasse um momento decisivo da história; uma razão motivada, dessa vez, mais pela imaginação do que pelo raciocínio. De fato, é muito forte a tentação de ver nessa batalha o triunfo da cavalaria, o que prenunciava já a Idade Média, contra a infantaria, encarnação da Roma antiga. É como se Adrianópolis fosse a última batalha das legiões, o fim do exército romano, que após aquela derrota nunca mais seria o mesmo. Adrianópolis marcaria o advento não só de um modo de combater, mas de todo um universo de valores e de símbolos que vieram da barbárie, e que se contrapuseram aos antigos.

Agora, quem teve a paciência de nos acompanhar até aqui sabe que essas interpretações dramáticas de conflitos de civilizações, se quisermos chamá-los assim, não se sustentam muito bem ao se olhar mais de perto para elas. O exército romano era um organismo grande demais para acabar em uma só batalha, e, de fato, continuou a combater ainda por muitos séculos, e bastante bem; por outro lado, ele já estava se transformando sozinho, pois nada há na história que permaneça imóvel. Imaginar uma diversidade radical entre os exércitos de Valente e de Fritigerno, identificando o primeiro com o passado romano, o segundo com o futuro medieval, é como acreditar que Roma e os bárbaros fossem duas realidades estranhas uma à outra, quando sabemos que isso não se comprova.

Na realidade, aqueles dois exércitos eram quase idênticos, compostos mais ou menos da mesma maneira e equipados com as mesmas armas. Mas, então, tudo isso significa que a ruptura representada por Adrianópolis deve ser redimensionada, e que, no final das contas, a batalha não foi tão decisiva assim? Absolutamente não! As consequências, a longo prazo, existiram e foram enormes; mas, talvez, um pouco mais complexas do que se acredita normalmente.

5

Na manhã seguinte à batalha, os godos começaram a se dar conta da dimensão de sua vitória. Se realmente o corpo do imperador Valente desapareceu em meio aos montes de mortos e nunca foi encontrado, pode até ser que os bárbaros não tenham percebido logo que o haviam matado; mas o exército romano que no dia anterior marchara contra eles não existia mais. Havia tantos mortos que nem mesmo valia a pena espoliá-los, havia muito mais armas do que seria suficiente para rearmar todos os godos. Os povos bárbaros, em geral, depois de uma vitória como essa, ficavam em seu canto, e às vezes por muito tempo, para festejar, celebrar rituais religiosos, ou simplesmente porque não tinham nenhum outro projeto, nenhuma ideia de como continuar dali em diante. Mas já sabemos que os godos já não eram bárbaros, pois estavam em contato havia muito tempo com o mundo romano e aprendiam com rapidez. Seus príncipes, principalmente Fritigerno, enxergavam a situação de maneira estratégica; assim, na mesma manhã, ao invés de se deterem no campo de batalha, puseram-se em marcha rumo à cidade de Adrianópolis.

Já a tinham cercado uma vez no passado, mas sem êxito, tanto que seu chefe proferira aquela famosa frase, que não era conveniente mover guerra às muralhas; mas, dessa vez, havia um motivo preciso para ir até lá. Os godos, de fato, sabiam por meio dos traidores e dos desertores que, em Adrianópolis, tinham permanecido os membros do concistório, as insígnias imperiais e, principalmente, o tesouro de Valente. É claro que valia a pena tentar de novo, e é somente pelo gosto de utilizar um lugar comum que Amiano Marcelino descreve os bárbaros, enquanto se dirigiam rumo à cidade decididos a destruí-la, como "parecidos com animais enlouquecidos pelo excitante odor do sangue". Na realidade, porém, o comportamento deles não foi, de fato, um comportamento de selvagens, mas uma estratégia perfeitamente racional.

Às dez da manhã, os bárbaros já estavam lá, pois haviam partido cedo e marchado céleres. A cidade trancara as portas, mas todos os soldados e os encarregados das bagagens, deixados ali por Valente no dia anterior, tinham permanecido fora, no acampamento. Eles não tinham conseguido entrar na cidade, causa muito espanto, porque sabemos que os magistrados de Adrianópolis eram particularmente desconfiados quando se tratava da segurança de sua cidade; por isso, os soldados estavam entrincheirados nos acampamentos em redor das muralhas, e ali enfrentaram o ataque dos godos. O combate em torno de Adrianópolis durou muitas horas e, em certo momento, um grupo numeroso de soldados romanos, trezentos, diz Amiano, desertaram todos juntos e passaram para o lado inimigo. Trezentos homens são quase um regimento inteiro, e é impressionante a facilidade com que aconteciam essas deserções em massa dentro de um exército em que muitos regimentos eram recrutados quase por completo em um mesmo grupo tribal. Essa tentativa, porém, terminou muito mal, porque os godos, talvez excitados de verdade, dessa vez pelo cheiro de sangue, depois de terem deixado passar os desertores, mataram a todos. Desde então, diz Amiano, mesmo estando numa situação desesperada, nunca mais nenhum soldado pensou em desertar.

6

O combate ao redor das muralhas da Adrianópolis durou muitas horas, enquanto o céu ia lentamente ficando nublado, escurecendo até ficar preto; até que, para a sorte dos defensores, caiu uma forte chuva, um temporal de verão com raios e trovões. Os godos, talvez por algum medo supersticioso, interromperam o cerco e foram se abrigar em seu acampamento de carros. Mas o dia ainda seria longo. Enquanto os guerreiros comiam alguma coisa e tratavam das contusões e das feridas, os chefes godos não estavam de braços cruzados. Primeiramente, mandaram à cidade um parlamentar para dar um ultimato: se os habitantes queriam salvar suas vidas, deviam abrir as portas e se render. O parlamentar, porém, não ousou entrar na cidade com medo de ser morto pelos romanos; só o ultimato foi levado para dentro, e lido aos comandantes romanos, mas todos decidiram desconsiderá-lo. Então, os godos recorreram a outro estratagema, e mandaram uma nova delegação, dessa vez composta por oficiais romanos que tinham desertado (eles também!) no dia anterior, passando para o lado dos bárbaros. Esses deviam apresentar-se às portas da cidade e tentar entrar, sustentando que tinham sido feitos prisioneiros pelo inimigo, mas tinham conseguido fugir do acampamento e agora queriam retornar a seu povo.

É impressionante constatar como o relato de Amiano Marcelino já não fala de outra coisa a não ser dos desertores que passavam para o lado dos godos; e, dessa vez, não se tratava de soldados rasos, mas daqueles que se chamavam *candidati*, um corpo de oficiais de elite que constituía ao mesmo tempo uma espécie de guarda pessoal do imperador e um viveiro de oficiais do estado-maior, destinados a fazer carreira. Entre os *candidati*, naturalmente, havia também muitos bárbaros; num livro de São Jerônimo, a *Vida de Hilarione*, encontra-se justamente um desses altos oficiais, um *candidatus*, que era de nacionalidade franca e estava em missão na Síria; ele tinha os cabelos vermelhos e a pele alva, falava latim e franco, não grego ou sírio, e, certamente, devia ter parecido bastante exótico aos olhos dos nativos. Mas que em Adrianópolis muitos *candidati* tenham desertado, passando para o lado dos bárbaros, é realmente incrível, e nos dá a dimensão da desorientação moral do exército romano no momento da catástrofe.

Tais desertores de alta patente, portanto, deviam apresentar-se às portas de Adrianópolis e pedir para entrar, fingindo serem prisioneiros fugitivos. Assim que estivessem lá dentro, deveriam provocar alguns incêndios na cidade, conforme lhes tinham ordenado seus novos chefes, de maneira que, enquanto a população e os soldados estivessem empenhados em apagá-los, os godos poderiam invadir a cidade.

Quando os *candidati* se apresentaram na frente dos fossos, abanando as mãos e gritando que eram romanos, os sentinelas os deixaram entrar sem nenhuma suspeita; porém, uma vez dentro, os levaram aos encarregados de interrogá-los. Esses funcionários perceberam que havia algo estranho em suas histórias, que estavam aparecendo muitas contradições entre um depoimento e outro; e decidiram torturá-los. Como os torturadores do Baixo Império eram profissionais, os desertores acabaram confessando sua traição; e foram todos decapitados.

7

Nesse ínterim, dentro de Adrianópolis trabalhava-se duro para reforçar as defesas, porque esperava-se que os godos atacassem de novo no dia seguinte. As portas foram bloqueadas com grandes rochas; amontoaram terra e pedras contra os pontos mais frágeis das muralhas; montaram máquinas de guerra sobre as muralhas e as torres; reservas de água foram recolhidas, pois, durante o combate sob o calor intenso do dia anterior, os soldados tinham sofrido com a sede e alguns tinham morrido desidratados. Na realidade, os godos atacaram naquela mesma noite, contando com o efeito-surpresa. As defesas, porém, estavam prontas, e não apenas os soldados, mas também os habitantes da cidade, e até mesmo os membros da corte imperial encontravam-se nas muralhas prontos para combater. Em Adrianópolis, entre outras coisas, havia um grande arsenal, uma fábrica estatal de armamentos, cujos operários conheciam bem as armas, sabiam usá-las e fabricá-las; por isso, a população civil podia colaborar de maneira eficaz com a defesa. Contra os agressores que se amontoavam nas portas tentando arrombá--las, choviam pedras e flechas, enquanto as máquinas de guerra arremessavam pedras; os godos, por sua vez, atiravam sem interrupção contra as muralhas, visando a demoli-las. O combate aconteceu durante as últimas horas da noite, e depois também durante o dia; mas os ataques foram arrefecendo aos poucos, e, no final, cessaram totalmente. Mais uma vez, os godos puderam perceber que, sem máquinas adequadas, era impossível tomar uma cidade.

As perdas em um ataque desse tipo eram sempre muitos altas, e os godos começavam a desanimar. Os romanos sempre pensaram que uma característica dos bárbaros fosse justamente a facilidade de se desencorajar, enquanto apenas os homens civilizados seriam capazes de se impor um objetivo e de persegui-lo obstinadamente, sem se deixarem abater pelos fracassos. De volta ao seu acampamento, os godos trataram dos feridos "com seus remédios de bárbaros", diz Amiano, que parece bastante cético a respeito de sua eficácia, embora, na verdade, a medicina romana não fosse muito melhor. Mas, acima de tudo, os guerreiros brigavam entre si, acusando-se um ao outro de terem esquecido o antigo conselho de Fritigerno. Alguns diziam que foi um erro cercar a cidade, e que seria muito melhor recomeçar a saquear o campo, onde havia ainda tanta coisa para ser levada. Amiano confirma que os fugitivos e os desertores haviam descrito certas regiões, casa por casa, até mesmo os interiores das casas mais ricas; podemos imaginar que os escravos fugitivos provassem um gosto todo particular ao guiar os bárbaros pela casa dos patrões. Por isso, no final, eles decidiram deixar para trás Adrianópolis, e recomeçaram a percorrer campo.

Ao mesmo tempo, entre os romanos, ninguém sabia com segurança o que acontecera a Valente. Assim que os bárbaros partiram, todos os cortesãos, funcionários e eunucos que haviam permanecido em Adrianópolis deixaram a cidade, e de noite, por vias transversais, refugiaram-se na Ilíria e na Macedônia, cuidando de pôr a salvo o tesouro imperial. Ainda estavam convencidos de que ali reencontrariam seu imperador à frente das tropas que escaparam à catástrofe. Foi preciso mais tempo para perceberem que nunca mais voltariam a vê-lo.

8

A incerteza reinava também na capital. Os godos estavam perto, e mesmo que todos ali soubessem que eles até então nunca tinham conseguido conquistar uma cidade, o medo deles se agigantara por causa dos últimos acontecimentos. Podemos imaginar o pânico que tomou conta da população de Constantinopla quando soube que os bárbaros, após terem saqueado toda a planície ao redor de Adrianópolis, matando ou levando como escravos a maior parte dos camponeses, estavam se aproximando. O chamado das riquezas concentradas na metrópole era muito forte, e os godos tinham decidido tentar a sorte. Eles se deslocavam, para dizer a verdade, com prudência, como se não acreditassem realmente que o exército romano fora liquidado; no passado, tiveram experiências desagradáveis, e sempre temiam ser atacados de surpresa durante a marcha. Finalmente, porém, acamparam em frente às muralhas de Constantinopla.

Na cidade, naturalmente, algumas tropas tinham permanecido, mas não em número suficiente para atacar; na melhor das hipóteses, os comandantes romanos podiam esperar ocupar os atacantes com alguma ação de distúrbio. Por outro lado, tinham ao seu dispor justamente as tropas certas para tanto. Na capital, estavam estacionados alguns destacamentos de cavaleiros árabes, ou melhor, sarracenos, como eram chamados na época. Sabemos bem que o exército romano recrutava mercenários nos países mais distantes; os árabes, portanto, não eram um povo particularmente exótico. Existiam árabes súditos do império, árabes cristãos, e também árabes nômades, que havia muito tempo mantinham acordos de vários tipos com Roma, fornecendo mercenários, como dissemos, e escoltando as caravanas dos romanos. O exército que Valente reunira para a guerra contra os godos incluía alguns grupos de cavalaria árabe, e pode ser que alguns destes grupos tenham combatido também em Adrianópolis e tenham sido aniquilados; um pelo menos, porém, permanecera na capital. Amiano Marcelino observa que, em batalha, os sarracenos não valiam muito; mas eram mestres na pilhagem. Por isso, os generais romanos os usavam principalmente para ações de exploração e nas expedições muito afastadas que iam em busca de forragem e mantimentos. Dessa vez, no entanto, um destacamento de godos se aproximou um pouco demais das muralhas, e os sarracenos saíram para atacá-los. Durante o corpo a corpo, um deles dominou um godo, cortou sua garganta com a faca, colocou a boca sobre o corte e bebeu seu sangue.

É impossível reconstituir o significado ritual ou mágico que este gesto podia ter para os beduínos, mas os godos ficaram chocados. Esses possessos de cabelos compridos, que combatiam praticamente nus, gritando selvagemente, e que bebiam o sangue dos inimigos, eram com certeza bárbaros em demasia para um povo já em parte romanizado e cristianizado como eram os godos. A partir daquele momento, diz Amiano, os godos começaram a perder a coragem; viam a imensidão das muralhas que defendiam Constantinopla, e, atrás delas, as habitações, de vários andares, que pareciam estender-se ao infinito. Quanto mais se davam conta das dimensões da cidade, mais perdiam o ímpeto. No final, renunciaram ao cerco e foram embora. É certo que, ao menos até então, as grandes cidades do império se revelavam uma presa superior às suas forças.

CAPÍTULO XI
TEODÓSIO

1

Como reagiu o governo imperial quando ficou clara a dimensão da derrota de Adrianópolis, e principalmente quando se soube que Valente morrera na batalha?

No império do Oriente, na realidade, não existia mais governo; pois o governo, no Império Romano, identificava-se estreitamente com a pessoa do imperador. Não por acaso os ministros, as insígnias do poder, e até mesmo o tesouro imperial tinham sido transportados com Valente. Agora, toda esta gente e todos estes objetos preciosos haviam se dispersado na fuga, durante a passagem pelos Bálcãs. Em Constantinopla não havia ninguém que fosse capaz de assumir o poder, mesmo provisoriamente, e, dessa vez, nenhum general decidiu aproveitar-se da situação para usurpar o trono. Apenas no Ocidente havia um imperador e um governo; ou melhor, na realidade existiam dois imperadores: Graciano, que era um rapaz de dezenove anos, e seu irmão mais novo, Valentiniano II. Assim que soube da dimensão da derrota e da morte do tio, Graciano, com seu exército, recuara rapidamente, estabelecendo suas cabeças de ponte na Ilíria para defender seu império caso os bárbaros avançassem para lá. Cabia a ele e a seus ministros escolher um novo imperador para o Oriente; para encontrar o candidato adequado, foram necessários alguns meses. Em janeiro de 379, então, um dos generais de Graciano, Teodósio, foi proclamado imperador do Oriente.

Com Teodósio entra em cena o último grande protagonista de nossa história, pelo menos do lado romano: o homem que, nos anos que se seguiram à batalha de Adrianópolis, trabalhou mais do que qualquer outro para tapar os buracos e endireitar o máximo possível a situação. Mas, antes de examinar mais de perto quem era Teodósio, é preciso refletir ainda um pouco sobre a maneira pela qual ele fora eleito. O imperador do Ocidente nomeara o do Oriente; e é verdade que, dada a situação, não podia ser diferente, pois, no Oriente, não existia mais um exército que pudesse indicar um candidato. Porém, também no caso da nomeação de Valente, acontecera a mesma coisa de sempre: primeiro, o exército do Ocidente aclamara Valentiniano como imperador, e somente depois este último decidiu mandar o irmão mais novo para o Oriente. É como se, do ponto de vista político, o Oriente fosse justamente o irmão mais novo do Ocidente, e isto por muitas razões: o império nascera no Ocidente, Roma estava no Ocidente, os senadores mais ricos eram os do Ocidente; os destacamentos ocidentais do exército, tradicionalmente, eram os mais destemidos, além de serem também aqueles que conseguiam impor com mais facilidade seus candidatos. E, além disso, Ocidente era uma palavra latina, e o latim ainda era a língua do exército e a usada nas leis. Mas esta condição de minoria política começava a incomodar o Oriente, consciente havia algum tempo de ser a parte mais populosa, mais rica e mais civilizada do império. Constantino não tinha feito outra coisa a não ser reconhecer isso quando transferira a capital para às margens do Bósforo. Neste sentimento de insatisfação que o Oriente grego nutria pela hegemonia política e militar do Ocidente latino estavam as causas da competição, e até da hostilidade, que dividia as duas partes do Império Romano; hostilidade que, em breve, daria seus frutos.

2

Em janeiro de 379, portanto, o imperador Graciano, em comum acordo com o exército, nomeou como imperador do Oriente um de seus generais, Teodósio, que os historiadores chamam também de Teodósio I, o Grande. Quem era exatamente Teodósio?

Como quase todos os imperadores, era um militar de carreira; nascido no extremo Ocidente, na Espanha, estava com apenas 32 anos, mas já tinha experiência de sobra, até demais. Seu pai, Teodósio, o Velho, fora o mais famoso general da época de Valentiniano, e havia combatido em muitos lugares, da Britânia até a África. Teodósio cresceu acompanhando-o nessas campanhas, até que, muito cedo, com 26 ou 27 anos, fora nomeado governador de uma das províncias fronteiriças. Em suma, era muito bem relacionado politicamente, e parecia destinado a uma evolução rápida na carreira; mas, no Império Romano, as carreiras às vezes terminavam de repente, e muito mal. Valentiniano começara a desconfiar de Teodósio, o Velho, que, por ser muito popular entre os soldados, era exatamente o tipo de general que podia tentar um golpe de Estado; por isso, o retirara do comando e forjara um processo político contra ele. Logo depois, Valentiniano morrera, mas também seus filhos não quiseram, de maneira nenhuma, continuar a lidar com um estorvo como Teodósio, o Velho; então, condenaram-no à morte e mandaram executá-lo. O filho, o nosso Teodósio, seria poupado desde que se retirasse à vida privada; ele assim fez, indo viver em seus latifúndios na Espanha.

Tudo isso aconteceu em 376, e agora, dois anos depois, Graciano tinha de encontrar um candidato para o império do

Oriente, alguém que fosse bastante enérgico para assumir uma tarefa assustadora, levando-se em conta a presente situação. Além do mais, deveria tratar-se de alguém popular junto ao exército, caso contrário ele também, Graciano, começaria a se desestabilizar. Lembrou-se então de Teodósio, mandou chamá-lo na Espanha, e, em janeiro de 379, o proclamou Augusto e confiou-lhe o Oriente. A escolha de Teodósio revelou-se logo acertada. Era um militar, mas não rígido demais; era cruel quando preciso, mas possuía uma aguda sensibilidade política; sabia aceitar os acordos quando eram inevitáveis, mas também sabia resolver os problemas na raiz, quando achava que a situação o exigia. Por exemplo, simplificou bastante a questão religiosa. Quando foi nomeado imperador, ainda não era cristão, mas tratou de se batizar logo e se alinhou aos católicos, não com aos arianos. Esta era provavelmente a única escolha possível para um ocidental, pois no Ocidente o arianismo quase não era conhecido, e Teodósio conseguiu tirar proveito político deste fato. O novo imperador daria um fim, de uma vez por todas, às disputas religiosas que dividiam os súditos e que, no tempo de Valente, haviam enfraquecido até mesmo a autoridade do imperador; não toleraria mais que discussões teológicas no estilo dos intelectuais gregos colocassem em perigo a unidade do Oriente. Um ano após ter tomado o poder, Teodósio baixou um decreto de três linhas, no qual ordenava que os súditos deviam seguir a única e verdadeira religião, a católica. Todas as outras seitas cristãs foram abolidas por decreto, não podendo mais possuir edifícios religiosos, nem praticar seus cultos em público; os dissidentes seriam punidos não apenas por Deus na outra vida, mas também pelo Estado nesta.

O édito com o qual Teodósio impôs o catolicismo ortodoxo como religião de Estado foi promulgado em Tessalônica em

380, e bem representa a maneira apressada com que o novo imperador pretendia agir, e também sua capacidade de simplificar bastante os problemas. O édito voltava-se principalmente contra os arianos, e, na prática, condenou sua igreja a morrer de um lento estrangulamento. Com os pagãos, Teodósio foi, num primeiro momento, um pouco mais cauteloso; mas, quando se sentiu forte o bastante, interveio de maneira drástica com relação a eles também. Os sacrifícios estavam proibidos já havia algum tempo; no ano de 391, o imperador aboliu definitivamente todos os cultos pagãos, fechou os templos e proibiu, sob pena de morte, qualquer forma de culto politeísta. No ano seguinte estendeu a proibição também aos cultos privados dos lares e dos penates.

3

Não era possível aproximar-se dos godos de maneira tão unilateral, e Teodósio soube administrar a crise com muito mais flexibilidade. Obviamente, eram tempos de guerra; portanto, a primeira coisa a fazer era reconstituir um exército e retomar as operações contra os godos, para que os bárbaros entendessem que, apesar de sua grande vitória em Adrianópolis, o Império Romano ainda não fora derrotado. Sem perder tempo, Teodósio baixou leis duríssimas, pelas quais os postos de alistamento deviam recrutar rapidamente todos os conscritos, sem se deixar comover por isenções nem por propinas. Todos os latifundiários deviam fornecer cotas de soldados, requisitando homens entre seus camponeses; todos os desertores e também todos aqueles que, por lei, estavam obrigados a servir no exército, mas que, de uma maneira ou de outra, não o tinham feito, deviam apresentar-se aos destacamentos, ou a pena seria a morte.

Os postos de alistamento estavam autorizados a recrutar sem formalidades todos os filhos dos soldados, os desempregados, quem estivesse sem residência fixa, e também todos os imigrantes habilidosos com as armas. Esta última lei é particularmente interessante, pois trata mais uma vez de um assunto de que já falamos, a utilização dos imigrantes como recrutas para o exército. O imperador ameaçava de morte na fogueira qualquer administrador de latifúndios que escondesse o fato de empregar imigrantes entre seus trabalhadores; estes deviam ser todos denunciados e entregues aos postos de alistamento.

Com esses métodos drásticos, Teodósio conseguiu, bem ou mal, reerguer o exército, admitindo nele mercenários hunos e até mesmo godos. É bom lembrar que, embora os bandos que entraram no império tivessem se agrupado num único exército sob o comando de Fritigerno, na realidade os godos continuavam a ser um amontoado de tribos, desunidas entre si; e muitas dessas tribos tinham permanecido do outro lado do Danúbio, refugiando-se nas regiões montanhosas, onde conseguiam mais facilmente defender-se dos hunos. Teodósio não hesitou em dar início às negociações com os chefes desses godos, oferecendo condições vantajosas aos que aceitassem fornecer-lhes mercenários para combater contra os outros godos, e alguns dos chefes aceitaram suas propostas. Um deles, Atanarico, fora muito popular entre os godos durante certo tempo, tendo lutado contra os romanos; depois, já velho, caíra um pouco no esquecimento. Teodósio o convidou para ir a Constantinopla, o acolheu com todas as honras e mandou erguer uma estátua sua no hipódromo, ao lado daquelas de políticos romanos; e mesmo quando, pouco tempo depois, Atanarico morreu, muitos guerreiros que o tinham acompanhado aceitaram servir o exército romano.

4

Mas tudo isso não quer dizer que o exército reconstruído por Teodósio fosse capaz de triunfar onde o de Valente fracassara. Não seria fácil substituir os veteranos mortos em Adrianópolis, e a qualidade dos novos destacamentos não estava, com certeza, à altura dos que foram destruídos. Mas, para Teodósio, o exército não servia tanto para derrotar os godos quanto para obrigá-los a negociar e aceitar um acordo razoável. Mesmo Adrianópolis tendo sido uma vitória esmagadora, além de todas as expectativas, a situação dos vencedores, de qualquer maneira, continuava sendo precária. A habilidade estratégica dos chefes godos não servia muito se seus homens não conseguiam tomar as cidades; sem cidades fortificadas nas quais montar seu acampamento e onde passar o inverno, os bárbaros podiam até mesmo dominar a Trácia, avançando até os subúrbios de Constantinopla; mas não se podia dizer que tivessem conquistado o território. Embora bem armados, não passavam de saqueadores sem residência fixa; e, pior ainda, a autoridade conquistada por Fritigerno no momento do perigo desaparecera quase por completo no dia seguinte à vitória, quando parecia que tudo seria possível, e muitos chefes tinham decidido continuar a luta na base do cada um por si.

Teodoro e Graciano conduziram as operações bélicas com prudência, recuperando aos poucos o terreno perdido, garantindo a segurança de Constantinopla, tentando demonstrar aos godos que o império ainda era capaz de fazê-los pagar caro pela sua rebelião. Era um blefe, mas obteve sucesso. Um após o outro, os chefes godos deixaram-se convencer a aceitar a paz, em troca, mais ou menos, daquelas mesmas coisas que

Valente lhes prometera no início, e que depois não concedera. Alguns chefes receberam terras para cultivar, o suficiente para assentar as famílias de seus homens, naquelas mesmas regiões que eles próprios tinham transformado em desertos com anos de saques e atrocidades; alguns outros ingressaram na carreira militar, receberam remunerações no exército, e seus homens foram convencidos a se alistar. No final, em 382, Teodósio alcançou o maior êxito de todos ao convencer também Fritigerno, que ainda comandava o bando mais numeroso, a aceitar uma negociação.

Para tratar com Fritigerno, foi enviado um personagem que já conhecemos, Saturnino, o general que conduzira as operações contra os godos um ano antes de Adrianópolis, e que conseguira escapar por um triz ao massacre. Saturnino negociou um tratado que parecia satisfazer a todos, e foi recebido de modo triunfal em Constantinopla; um ano depois, como recompensa, o imperador o nomeou cônsul. O retórico Temístio, aquele mesmo que, alguns anos antes, parabenizara Valente pela paz estipulada com os godos, foi encarregado de tecer elogios também a Saturnino. Em seu discurso, sente-se vibrar novamente, como se nada tivesse mudado, aquela conhecida retórica humanitária. Temístio se regozija porque o governo havia encontrado uma solução política para o problema, acolhendo os godos pacificamente ao invés de tentar aniquilá-los: "A filantropia prevalece sobre a destruição. Seria melhor, talvez, encher a Trácia de cadáveres ao invés de camponeses? Assim, os bárbaros transformam suas armas em enxadas e foices, e cultivam os campos." É a ideologia do *melting-pot*, pela qual os bárbaros são destinados a integrar-se ao império. Já acolhemos tantos, diz Temístio, e seus descendentes "não podem mais ser chamados de bárbaros; são, para todos os efeitos, romanos: pagam nossos mesmos impostos, servem conosco no exército, estão sujeitos ao mesmo estatuto dos outros, obedecem às mesmas leis. E, em pouco tempo, acontecerá o mesmo aos godos".

5

A solução de Teodósio para o problema dos godos foi, na prática, a mesma que ficou pairando no ar durante tanto tempo, e que muitas vezes quase se concretizou, mesmo se, todas as vezes, no final, algo não funcionara. Valente deixara os godos entrarem no império com o objetivo de admiti-los no exército; a ineficiência e a corrupção com as quais as autoridades militares haviam tratado os refugiados os incentivaram a rebelar-se. Mas Valente nunca renunciara à ideia de uma solução negociada, e, um pouco antes de ser morto na batalha de Adrianópolis, estava discutindo com os enviados de Fritigerno para tentar encontrá-la. Teodósio, em 382, fez exatamente aquilo que poderia ter sido feito já havia seis anos; mas não devemos esquecer que tudo o que acontecera nesse ínterim não podia ser facilmente apagado. Não se podia passar uma borracha em anos de saques e atrocidades, na destruição de um exército inteiro, na morte de um imperador, no cerco à capital. Depois de tudo isso, admitir guerreiros godos no exército imperial não era mais a mesma coisa; parecia igualmente difícil explicar para a população civil do império que, na realidade, aqueles eram refugiados, gente para ser tratada com humanidade, mão de obra útil.

Mesmo assim, os grupos dirigentes do império tentaram, e não podemos dizer se era mais admirável a sua boa vontade ou mais assombroso o seu cinismo. Para os políticos que trabalhavam com Teodósio, acolher os godos, depois de tudo o que acontecera, não provocaria nenhum problema; os discursos oficiais e os versos dos poetas da corte batem todos sobre a mesma tecla. Um retórico gaulês, Pacato, fica entusiasmado com todos esses novos soldados romanos, bárbaros, mas com tanta vontade de aprender. "Oh, coisa digna de ser lembrada! Os antigos inimigos dos romanos marchavam agora sob comandantes e estandartes romanos, acompanhavam as insígnias que haviam combatido, serviam como soldados às cidades que antes haviam esvaziado e devastado como inimigos. O godo, o huno e o alano aprendiam a se comportar segundo o regulamento, respeitavam os turnos de guarda, tinham medo das represensões nos relatórios de serviços." O lugar-comum que apresenta os bárbaros jogando fora suas peles, aprendendo a se vestir como pessoas civilizadas, a obedecer às ordens e a respeitar a disciplina, retorna sempre nos autores da época de Teodósio. A consequência é clara: trocar os hábitos animalescos pelos das grandes cidades e aprender a viver segundo as regras, isto é, não ser mais bárbaro e se tornar romano. Toda a retórica sobre a universalidade do império e sobre sua capacidade de assimilação vem à tona para demonstrar que Teodósio fez a escolha certa. E não se trata apenas de retórica vazia, que fique bem claro. Tal capacidade de assimilação, de certo modo, existia de verdade. O império estava realmente absorvendo os bárbaros; mesmo se, ao absorvê-los, inevitavelmente mudasse.

6

O exemplo mais impressionante de como o exército romano absorvia e integrava os godos é dado por um conjunto de lápides, encontradas no início do século XX num cemitério paleo-cristão perto de Portogruaro, no Vêneto, onde, antigamente, existia uma cidade romana chamada Concórdia. Uma boa quantidade dessas lápides, quase quarenta, são de soldados do exército de Teodósio, soldados de regimentos diversos, de modo que nos perguntamos como foram sepultados todos exatamente ali. Depois, a reconstrução histórica mostrou que, por volta do final de seu reinado, no ano de 394, Teodósio combatera mais ou menos naquela região uma grande batalha contra um dos usurpadores de sempre; provavelmente, uma parte do exército acampara durante muito tempo perto de Concórdia e, portanto, as lápides remontariam àquela época. São todas lápides de soldados cristãos, procedentes justamente de um cemitério cristão. Os nomes dos regimentos são aqueles fantasiosos, típicos do tardo império, como os *Bracchiati* e os *Armigeri*. Muitos possuem nomes de tribos bárbaras, entre eles os *Eruli Seniores*; e, novamente, nos deparamos com os batavos, aqueles que na batalha de Adrianópolis estavam na reserva, e tinham conseguido se salvar porque haviam fugido a tempo.

Todas essas lápides, quando lidas, dão ideia de que o exército era uma sociedade muito compacta, onde todos estavam ligados por vínculos de camaradagem ou parentesco, e também por vínculos religiosos. Em muitos casos, lê-se que a lápide do morto foi paga pelos seus companheiros, ou pelos seus conterrâneos que serviam no mesmo regimento; e as esposas também são mencionadas. Tudo isso nos faz entender que o universo militar era, de fato, um microcosmo, no qual os homens viviam com suas famílias. No mais, o tom das inscrições nas lápides é muito digno e devoto, com elogios e dedicatórias: "Ao ótimo colega", "À santa igreja da cidade de Concórdia." Mas, observando-se com atenção os nomes dos soldados, fica claro que quase todos eram bárbaros. O primeiro nome de todos é Flávio, que era o nome de família dos imperadores a partir de Constantino; todos os imigrantes começavam a usá-lo no momento em que recebiam a cidadania. Depois do nome Flávio, segue quase sempre um nome germânico e, em muitos casos, gótico, como Flávio Andila, que era um suboficial dos *Bracchiati*, ou Flávio Sindila, que servia no regimento dos *Eruli*. Este é exatamente o aspecto positivo da integração, a demonstração de que a política de Teodósio pode ter obtido êxito: o fato de que o godo tornava-se um soldado romano, jurava fidelidade ao imperador, tornava-se católico, aprendia a respeitar a disciplina e a apreciar o salário e a aposentadoria. O exército, que era uma comunidade, parecia feito para administrar esse processo de integração. Absorvia bárbaros, os metabolizava e os transformava em veteranos romanos, aqueles que os imperadores, nos discursos públicos, chamavam de camaradas, e que eram a verdadeira pilastra do império.

CAPÍTULO XII
A REAÇÃO AOS BÁRBAROS

1

Seria muito bom se pudéssemos citar somente o lado positivo da história; se tudo aquilo que nos restou da política de Teodósio fossem os discursos dos retóricos que celebram a integração e as lápides dos guerreiros godos transformados em bons soldados cristãos. Na realidade, havia outro lado, e é preciso levá-lo também em consideração.

Em primeiro lugar, nem sempre os godos estavam integrados como soldados no exército regular. Em muitos casos, os acordos com seus chefes previam admiti-los como mercenários, o que quer dizer que formavam bandos autônomos, sem se transformarem realmente em soldados romanos. O governo aceitava admitir o bando todo, e o aquartelava num lugar qualquer do império, prévio acordo que estabelecia que os provinciais seriam obrigados a mantê-lo. Ou seja, os mercenários eram alocados nas casas das pessoas, podendo requisitar alimentos; e era preciso suportá-los, mesmo que se tornassem violentos, pois, às vezes, as únicas tropas romanas no local eram exatamente eles, e não havia ninguém que pudesse obrigá-los a se comportarem bem.

Quando, num segundo momento, destacamentos romanos e bandos de mercenários foram aquartelados na mesma região, a situação não melhorou, pois sempre existia o risco de acontecer incidentes. Os soldados tinham ciúmes dos mercenários bárbaros, que eram mais bem pagos do que eles; algumas vezes, os próprios comandantes romanos intervinham para defender a população da prepotência dos soldados, que atacavam os mercenários e os massacravam. Nestes casos, o governo intervinha duramente em defesa dos mercenários, destituía os oficiais culpados e os processava, pois, mesmo que os militares ainda não tivessem entendido, era preciso tratar bem os bárbaros. O imperador não era forte o bastante para livrar-se deles; ao contrário, necessitava deles. Depois de Adrianópolis, a conscrição passou a funcionar pior, a população do império não tinha vontade de servir o exército, e os mercenários bárbaros, portanto, ficaram numa situação confortável. Eram destacamentos já prontos, destemidos, não se precisava treiná-los, bastava pagar-lhes e fornecer-lhes a *annona*, isto é, o abastecimento de mantimentos, custeada pelos contribuintes. Teodósio não poderia mais renunciar a eles; durante seu reinado, teve que enfrentar dois usurpadores, ambos perigosos, e conseguiu derrotá-los somente porque, além do exército regular, tinha ao seu lado os mercenários bárbaros.

Todos, de resto, já entenderam que os bárbaros tinham-se tornado indispensáveis, e isto confirmava aos cristãos que o mundo estava chegando ao fim. São Jerônimo denuncia os imperadores por recorrerem com frequência aos bandos dos bárbaros, comparando o Império Romano a um colosso com pés em parte de ferro, em parte de argila: "Assim como no passado não havia nada mais forte e sólido do que o Império Romano, agora, no final dos tempos, não há nada mais frágil, visto que, seja nas guerras civis, seja contra povos diferentes, presisamos da ajuda de povos bárbaros."

Os imperadores, que eram primeiramente militares, tendiam a considerar com satisfação a nova força que os mercenários colocavam à sua disposição. Santo Ambrósio reporta uma conversa sua com Máximo Magno, que fora proclamado imperador pelo exército na Gália, e se preparava para enfrentar, perto de

Milão, um dos generais de Teodósio, enviado contra ele com um exército composto, em grande parte, de mercenários godos. Ambrósio conta que Máximo Magno chegou a ficar ofendido: veja só, exclamou, os romanos enviam os bárbaros contra mim, "como se eu também não os tivesse para colocar em campo, a milhares deles eu pago a *annona*!" Os bárbaros, em suma, tinham se tornado necessários se alguém quisesse tomar o poder e mantê-lo. Em certas regiões do império, onde os mercenários tinham substituído completamente os destacamentos regulares do exército, a própria linguagem se modificava para registrar a mudança: a partir do final do século IV, dizia-se, em língua síria, "godo" em vez de "soldado".

2

Não causa espanto que, nos últimos anos de Teodósio, tenha se formado, entre os grupos dirigentes do império, uma corrente que não suportava mais os bárbaros. Até aquele momento, a convicção de todos os que, de alguma maneira, estavam próximos ao governo, ou que tão somente estudaram em boas escolas, era que a integração dos bárbaros era possível e oportuna. Depois, ao contrário, apareceram algumas pessoas que não estavam mais de acordo com isso. A mais famosa delas foi um intelectual que já encontramos, Sinésio, que fora um grande latifundiário africano e depois se tornou bispo de uma cidade da Líbia. Sinésio viveu os anos pós-Adrianópolis com raiva crescente; parecia-lhe que o império estava muito mal governado e não tinha problemas em dizê-lo, e o que mais o irritava era exatamente o poder excessivo dos bárbaros. Não que Sinésio fosse racista; ao contrário, sob certas condições, concordava com a permissão dada aos bárbaros para trabalhar e tentar sua integração. Quando fala de seus latifúndios na Líbia, ameaçados continuamente pelos ataques dos berberes, ele manifesta um desprezo muito grande pelos soldados, que deveriam defender as pessoas: todos covardes, diz Sinésio, e os oficiais, todos corruptos, pensam apenas nas propinas; mas, por sorte, acabara de chegar um grupo de mercenários hunos, pessoas seriíssimas, que patrulhavam o exército e não deixavam escapar sequer um berbere. Sinésio estava entusiasmado com eles; podiam ser bárbaros também, mas sob o comando de bons oficiais se comportariam como romanos de verdade. Os godos, porém, eram outra coisa. "É incrível", diz Sinésio, "deixamos entrar no império toda esta gente armada e lhes confiamos a defesa do Estado;" (...) "somente um louco não teria medo ao ver todos estes jovens crescidos no exterior, e que continuam a viver segundo seus costumes, administrando a atividade militar no Estado".

O alvo explícito das investidas de Sinésio era justamente Teodósio, morto havia pouco tempo: estes sujeitos ainda tinham as mãos ensanguentadas, diz, e ele os chamou para dentro do império, deu-lhes a cidadania, a terra e os comandos. Mais do que tudo, o fato de que houvesse oficiais godos que fizeram carreira e que assumiam postos de comando no exército, e, aliás, no império, era algo que Sinésio não suportava. É verdade que desde muito tempo existiam oficiais de origem bárbara também nos postos de comando; mas, antes de Adrianópolis, ninguém se apavorava por causa disso. Agora, ao contrário, se formava uma opinião que considerava essas aberturas perigosas. Sinésio apresenta um quadro famosíssimo desses imigrantes ainda não civilizados, mas que já mandavam e desmandavam no império; o intelectual cristão, imbuído da cultura filosófica pagã e de toda a arrogância do grande proprietário de terras de família senatória, não aguentava mais assistir a esse tipo de espetáculos, sempre mais frequentes: "Quando um homem vestido de peles comanda os que vestem a clâmide, e quando alguém, despindo-se da pequena pele que o cobria, veste a toga e discute a ordem do dia junto aos magistrados romanos enquanto o cônsul lhe oferece o lugar de honra ao seu lado, aqueles que teriam legitimamente esse direito ficam para trás. Estes mesmos indivíduos que recolocam as peles assim que saem do Senado, e, ao encontrarem seus camaradas, começam a rir da toga, dizendo que, usando-a, não se consegue desembainhar a espada."

3

A política de compromisso e acolhimento aos godos praticada por Teodósio, provocou, portanto, reações contrastantes nos grupos dirigentes romanos. Muitos continuavam a exaltar a capacidade do império universal de se abrir de fato a todos os homens, e queriam que o imperador se apresentasse como um pai não só para os romanos, mas para todos os povos. Outros, ao contrário, protestavam que era perigoso deixar entrar tantos imigrantes ao mesmo tempo, e ainda mais admiti-los justamente no setor mais delicado, a defesa. E este, com certeza, foi um ponto fraco da política de Teodósio, o fato que a admissão de todos aqueles soldados e mercenários godos tenha acontecido no momento exato em que o exército do Oriente estava "aleijado" pelas perdas de Adrianópolis, e precisava ser reconstituído rapidamente e a todo custo. E o custo era alto, porque, na prática, o imperador, se queria dispor de uma força militar eficiente, não podia mais renunciar aos seus godos;

isto, para muitos, era um sinal de fragilidade intolerável, e não ofereceria nada de bom para o Estado romano.

Após a morte de Teodósio, em 395, esses posicionamentos tornaram-se cada vez mais radicais. O império fora dividido entre seus dois filhos, Arcádio e Honório; mas um era rapazote, e o outro, uma criança. Eram dois governantes frágeis nas mãos dos eunucos e dos generais bárbaros, e certos discursos, que não podiam ser proferidos quando Teodósio estava vivo, agora eram feitos sem cerimônias. Sinésio se dirige justamente a Arcádio e lhe diz, sem rodeios: "foi teu pai quem arruinou o império; podia ter acabado com os godos; ao invés disso, os reergueu e deu-lhes tanto espaço que, agora, estamos em suas mãos".

Os historiadores falam de uma reação antibárbara, e até mesmo de um partido que teria reunido senadores e intelectuais que pensavam como Sinésio. A realidade talvez não fosse tão simples assim. A política na corte imperial era complicada, e não se poupavam golpes baixos; até mesmo protestar contra os bárbaros, reivindicando a volta dos bons velhos tempos, quando certas coisas não aconteciam, podia servir na luta pelo poder. O que se apresenta aos nossos olhos não é simplesmente uma reação racista. Todos, de qualquer maneira, compartilhavam as premissas pelas quais o império podia sim assimilar os bárbaros, mas precisava fazê-lo da maneira correta, evitando conceder--lhes muito poder enquanto não fossem ainda civilizados, pois corria-se o risco de obter o efeito contrário, abdicando da missão civilizatória do império. Mas, ao final, certas intervenções no Senado e certos discursos realizados perante o imperador serviram principalmente para arruinar os políticos ou os generais do partido contrário e para levantar outros, estes também, talvez, de origem bárbara. De um ponto de vista objetivo, foi nos anos de Teodósio e de seus filhos que surgiram tantos generais godos. Antes, os bárbaros que faziam carreira eram os que vinham do Reno, como os francos e os alamanos; agora, havia também os godos, e isto criava concorrência e modificava as relações de força entre os grupos de poder e os *lobbies* que disputavam a influência na corte.

4

A ascensão dos generais bárbaros na época de Teodósio e, mais tarde, dos seus sucessores, era somente um desenrolar natural desse processo de absorção dos imigrantes, que já estava acontecendo havia muito no império. O desastre de Adrianópolis e os acordos de Teodósio com os godos nos anos seguintes aceleraram tal processo, tornando-o mais evidente; portanto, criaram reações alarmantes em certos ambientes, mas nada além disso. De resto, o império continuava a ser um *melting-pot*, e a própria natureza bárbara dos imigrantes não pode ser exagerada, principalmente quando se tratava de gente empenhada em fazer carreira. Nós continuamos a chamá-los de godos porque somos mais obcecados do que os antigos com a identidade étnica; mas, na verdade, esses godos se romanizavam ou se helenizavam com rapidez. Com certeza isso aconteceu com Fritigerno, que já possuía todas as qualidades necessárias para se tornar um ótimo general romano, mesmo que não saibamos mais nada sobre ele depois do tratado que firmou com Teodósio. Em torno do ano 400, havia outro general, filho de imigrantes godos, Fravitta, que desempenhou um papel importante na política de Constantinopla; pelos testemunhos da época, sabemos que era "um bárbaro de nascença, mas, no restante, grego, não só nos hábitos, mas também no caráter e na religião".

E, finalmente, havia mais um desses generais de origem gótica, nascido portanto no exterior, mas que, de fato, viveu no império desde a juventude, e fez carreira a seu serviço; um daqueles bárbaros que, qualquer coisa que tenha dito Sinésio, eram cidadãos romanos e oficiais do exército imperial, e sentiam-se igualmente à vontade vestindo a toga ou as peles nativas. É um personagem que todos conhecemos, pelo menos de nome: Alarico. Foi ele que, em 410, guiou os godos durante o saque de Roma. As poucas recordações da época de escola dificultam nosso entendimento de quem ele foi de verdade. Inevitavelmente, o imaginamos como o rei dos godos, um chefe bárbaro com o elmo enfeitado de chifres, que invadiu a Itália à frente de uma horda selvagem. A realidade era bem diferente. Alarico era um militar de carreira que surgiu no ambiente dos mercenários godos a serviço de Teodósio; não que este fosse um ambiente pacífico e civilizado, pois os mercenários eram turbulentos, as pessoas tinham medo deles, e os motins e rebeliões eram frequentes. Mas é o caso de lembrar que também o exército regular romano, com todo o rigor de sua disciplina e de suas tradições seculares, era uma organização onde os abusos e a corrupção já estavam bem enraizados, e que também nos acampamentos das legiões estouravam motins e revoltas com grande facilidade; com a chegada dos mercenários godos, a situação só piorou. Foi nesse ambiente que apareceu Alarico, que logo se tornou chefe; isso significa que havia um bando de guerreiros que o seguiam porque ele era bom negociador e assinava contratos lucrativos com o governo. Não era um rei, era um comandante militar que cuidava de sua carreira e de seus negócios, tentando enriquecer e preocupando-se com o bem-estar dos seus homens, às custas do imperador.

5

A carreira de Alarico foi emblemática da real fragilidade do império nos primeiros anos após Adrianópolis: o fato é que, pelo menos no Oriente, os mercenários tornaram-se um esteio indispensável para a autoridade imperial; e sua fidelidade dependia apenas de uma coisa, de que fossem bem pagos. Quando o governo tinha dinheiro e pagava em dia, Alarico e outros chefes combatiam para o imperador e prestavam contribuição preciosa, ajudando a defender as fronteiras, a acabar com as usurpações, a reprimir as rebeliões, mesmo que os rebeldes fossem mercenários godos como eles. Os chefes eram bastante civilizados para entender como funcionavam as coisas no império, que era necessário fazer política, tramar nos corredores e encontrar apoios; e, quando as coisas iam mal, precisavam saber chantagear sem escrúpulos para não perder de vista seus objetivos. Alarico negociava vários acordos com o governo e cada vez pedia mais: salários, aposentadorias, riquezas para distribuir a seus homens, e terra, porque o sonho de todos esses mercenários era se tornarem proprietários de uma vez por todas, terem suas próprias casas, seus próprios escravos e viverem tranquilos em suas propriedades.

Para ele próprio pedia, além de soldados, honrarias militares, títulos, uma posição política; quando o governo relutava em lhe conceder o que ele queria, Alarico, como muitos outros chefes, não tinha o menor escrúpulo em se rebelar, e ameaçava saquear o país ao invés de defendê-lo. Algumas vezes o governo resistia, e enviava contra ele outros generais, outros mercenários bárbaros. Mais de uma vez Alarico esticou demais a corda, mais de uma vez se envolveu, junto com seu povo, em situações aparentemente sem saída; mas, no último momento, conseguia sempre se beneficiar, assinava uma trégua, recomeçava as negociações. Para as planícies percorridas por esses bandos, tudo isso era uma tragédia, como tinham sido uma tragédia os anos dos saques godos na Trácia antes de Adrianópolis; mas, algumas vezes, tem-se a impressão de que, para os generais, esta era somente uma maneira de fazer política, e que, no final, estavam todos prontos a entrarem em acordo. Alarico conseguia sempre sair vitorioso e obter aquilo que queria, e até alcançou o comando de todas as tropas romanas na Ilíria. Provavelmente, é com ele que Sinésio implica quando descreve o bárbaro coberto de peles que, antes de entrar no Senado, se despe delas, veste a toga e vai discutir com os magistrados; depois, ao sair, veste-as novamente, pois não se sente bem com a toga. Possuía pelo menos duas identidades: era Alarico, o chefe guerreiro ao qual tantos godos juraram fidelidade segundo os rituais de seus antepassados; e também Flávio Alarico, o general romano, *magister militum*. Não que tivesse uma identidade verdadeira e outra falsa; ambas eram verdadeiras.

6

Chegamos, assim, ao final de nossa história sobre a batalha de Adrianópolis, que, nestas últimas páginas, tornou-se principalmente uma reflexão sobre suas consequências. Podemos dizer, então, que aquele ano de 378, que marca o fim da Antiguidade e o início da Idade Média, é realmente uma data ímpar?

Como sempre, quando se observa de perto, os limites tornam-se menos nítidos, as rupturas parecem menos drásticas, descobre-se sempre que as grandes mudanças, na realidade, começaram antes, e que o passado, por sua vez, foi transcorrendo aos poucos. Adrianópolis assinala uma aceleração brusca, dramática, no processo de abertura do Império Romano à imigração bárbara que já havia algum tempo estava transformando a sociedade, o exército, o próprio governo do império. Mas há um último aspecto que ainda não esclarecemos, e que talvez seja o mais crucial. A história que acabamos de contar se passa toda no império do Oriente; é na fronteira oriental que os godos surgem no outono de 376; é o imperador do Oriente que lhes dá acolhida, e logo depois se arrepende; é nas províncias orientais que se arrasta a longa guerra entre os refugiados rebeldes e o exército romano; é no Oriente que se combate a batalha de Adrianópolis, numa região hoje compreendida pela Turquia. No Oriente reina Teodósio, e é seu exército que, após a batalha, se reconstitui, absorvendo e admitindo mercenários godos.

Também é no Oriente que se começa a perceber, após certo tempo, as consequências desestabilizadoras de todas essas escolhas. É aí que nasce e se difunde a intolerância com relação aos bárbaros, é aí que eclodem os incidentes entre a população civil e os godos, é aí que acampa a maior parte dos destacamentos mercenários, é no exército do Oriente que fazem carreira os principais chefes godos, e o último deles é Alarico. Depois de um tempo, o Oriente decide que já chega, e que deseja ficar livre desse problema para sempre. Quando os mercenários tornam-se muito turbulentos, quando seus chefes começam a exigir demais, o governo do Oriente começa a trabalhar para transferi-los um pouco mais para o oeste, fazendo promessas e concessões, desde que se desloquem cada vez mais para lá. O Ocidente, naqueles anos — que são ainda os de Arcádio e Honório — é mal governado, custa a manter sob controle os bárbaros do Reno, e acaba sucumbindo a essa política oriental; graças a muitas negociações, a arrumações sempre provisórias e sempre recolocadas em discussão, a maior parte dos mercenários bárbaros, com Alarico já como seu chefe supremo, se transfere para a Itália. Ali, durante algum tempo, o governo ocidental consegue pagá-los e mantê-los tranquilos; quando isso não é mais possível, Alarico, embora seja um general romano, decide mostrar sua determinação e dirige-se em direção a Roma para saqueá-la.

É o ano de 410. A partir desse momento, o fluxo da imigração bárbara, que está se tornando sempre mais violenta e não é mais controlada de maneira nenhuma por governos frágeis, se voltará sempre mais rumo ao Ocidente. É nesse período que, finalmente, os mercenários bárbaros tomam o poder — os godos, na Gália meridional e na Espanha; os francos, na Gália do Norte —, de maneira que, com o tempo, o Império Romano do Ocidente se dissolve, enquanto o do Oriente continua a existir.

E este é realmente um momento decisivo para uma época, porque marca o fim da antiga unidade do mundo romano e mediterrâneo; é nesse momento que nascem um Ocidente, onde romanos e germanos deverão aprender, com muita dificuldade, a conviver; e um Oriente grego, que, ao invés disso, terá uma história completamente diferente. E as consequências desta fissura são sentidas na Europa até hoje.

INDICAÇÕES DE LEITURA

Nas páginas seguintes há sugestões de algumas leituras para quem deseja se aprofundar. Os especialistas, ou qualquer outra pessoa interessada, encontrarão para cada item do livro a indicação das fontes utilizadas.

Em geral, grande parte da história da batalha de Adrianópolis e das campanhas que a precederam baseia-se em um único testemunho crucial: o de Amiano Marcelino (daqui em diante, AM). De origem grega, nascido em Antióquia, militar de carreira nos anos 350-360, Amiano escreve em latim sua *História de Roma*, por volta do final desse século. Em italiano, está disponível a nova edição organizada por G. Viansino, na coleção dos Oscar Mondadori, em 3 volumes, Milão, 2001-2002.

Outro importante relato contemporâneo que, porém, chegou até nós apenas em fragmentos, é o do grego Eunápio de Sadis, nascido em 349, que também escreve no final do século. O texto está disponível, com tradução inglesa de R. C. Blockley, na edição *The Fragmentary Classicising Historians of the Later Roman Empire,* 2 vols., Liverpool, 1981-1983.

Para uma primeira introdução ao período tratado, há, em italiano, A. Cameron, *Il tardo impero romano*, Bolonha 1995; P. Brown, *Genesi della tarda antichità*, Turim, 2001; e H. Brandt, *L'epoca tardoantica*, Bolonha, 2005. Para um maior aprofundamento científico, são fundamentais as obras coletivas *Società romana e impero tardoantico*, organizado por A. Giardina, 4 vols., Roma-Bari, 1986; e *Storia di Roma*, 4 vols. em sete tomos, Turim, 1988-1993, vol. III, *L'età tardoantica*, em dois tomos, organizada por A. Carandini, L. Cracco Ruggini e A. Giardina, Turim, 1993.

Sobre os godos, estão disponíveis, em italiano, o volume de divulgação de H. Schreiber, *I goti*, Milão, 1981, e um mais aprimorado, de H. Wolfram, *Storia dei Goti*, Roma, 1985. A bibliografia internacional é muito ampla, e é preciso citar pelo menos E. A. Thompson, *The Visigoths in the Time of Ulfila*, Oxford, 1966; P. J. Heather, *Goths and Romans*, 332-489, Oxford, 1991; P. J. Heather, J. F. Matthews, *The Goths in the Fourth Century*, Liverpool, 1991; P. J. Heather, *The Goths*, Oxford-Cambridge, 1996.

As reconstruções modernas do conflito entre o império e os godos são muito numerosas: em italiano, temos principalmente os trabalhos de M. Cesa, *376-382:* Romani e barbari sul Danubio, em *Studi Urbinati*, 57 (1984), p. 63-99; e Ead. *Impero tardoantico e barbari. La crisi militare da Adrianopoli al 418*, Como, 1994; além do volume *Romani e Barbari. Incontro e scontro di culture*, organizado por S. Giorcelli Bersani, Turim, 2004.

Indicações mais específicas sobre momentos particulares da campanha e sobre a batalha de Adrianopolis são apresentadas nas páginas seguintes, em relação a cada capítulo e cada item do livro.

PRÓLOGO

Sobre a deposição de Rômulo Augústulo, A. Momigliano, La caduta senza rumore di un impero nel 476 d. C., em *Concetto, storia, miti e immagini del Medio Evo*, organizada por V. Branca, Florença, 1973, p. 409-428. "A província romana da Trácia": tecnicamente a Trácia era, na realidade, muito mais do que uma província; era uma das doze dioceses em que Diocleciano subdividira o império, e era dividida internamente em seis províncias, uma das quais se chamava, por sua vez, Trácia.

CAPÍTULO I
O IMPÉRIO ROMANO
NO SÉCULO IV

I.1

A respeito das fronteiras do Império Romano existe uma ampla bibliografia, recente e inovadora; para uma primeira aproximação, temos a panorâmica de C. R. Whittaker, Le frontiere imperiali, em *Storia di Roma*, vol. III, *L'età tardoantica*, organizada por A. Carandini, L. Cracco Ruggini e A. Giardina, t. I, *Crisi e trasformazione*, Turim, 1993, p. 369-423.

"Cruzavam suas águas navios cargueiros": os comércios mediterrâneos no século IV estavam passando por um período crítico, mas alguns itinerários e, particularmente, aquele que levava os produtos africanos para a Itália, prosperavam. Ver C. Panella, Merci e scambi nel Mediterraneo tardoantico, em *Storia di Roma* cit., vol. III, t. II, *I luoghi e le culture*, p. 613-697; e também as estimulantes observações de C. Wickham, *Marx, Sherlock Holmes and Late Roman Commerce*, em *Land and Power. Studies in Italian and European Social History, 400-1200*, Londres, 1994, p. 77-98.

"Uma metrópole de um milhão de habitantes": na realidade, a população de Roma no século IV foi calculada de várias maneiras; ver R. Krautheimer, *Rome. Profile of a City, 312-1308*, Princeton, 1980, p. 4, que a estima em 800 mil habitantes.

I.2

A obra de E. Gibbon está disponível em tradução italiana na Millenni Einaudi (*Storia della decadenza e caduta dell'impero romano*, Turim, 1967, n.e. 1987) e nos Oscar Mondadori (*Declino e caduta dell'impero romano*, Milão, 1998).

A respeito da grande transformação do império durante e após a crise do século III, a síntese mais recente e interessante é J. M. Carrié, A. Roussele, *L'Empire romain en mutation des Sévères à Constantin, 192-337*, Paris, 1999.

I.3

"O cristianismo católico": Teodósio define como "cristãos católicos" aqueles que seguem a doutrina aprovada pelo Concílio de Niceia, "conforme a qual devemos acreditar na única divindade do Pai, do Filho e do Espírito Santo, de igual majestade e pia Trindade" (*Codex Theodosianus*, XVI.1.2); ou então, segundo uma formulação do ano seguinte, aqueles que "confessam o Padre, o Filho e o Espírito Santo pertencerem a uma única majestade e virtude, a uma mesma glória e a um único esplendor", o que equivale à "verdadeira e niceia fé" (XVI.1.3). O alvo era, antes de qualquer outro, os arianos, defensores de um Cristo inferior ao pai, criado e não gerado.

É oportuno destacar que a classificação de 'católico' não implica ainda, nessa data, no reconhecimento de uma supremacia romana, e é, para todos os efeitos, sinônimo de 'ortodoxo'.

CAPÍTULO II
O IMPÉRIO
E OS BÁRBAROS

II.1

"Fingiam ser os donos do mundo": ver C. Nicolet, *L'inventario del mondo. Geografia e politica alle origini dell'impero romano*, Roma-Bari, 1989.

A respeito do conflito com a Pérsia, não existe uma síntese recente em italiano; quem quiser se aprofundar no assunto pode consultar a ampla coletânea de documentos comentados em M. H. Dodgeon, S. N. C. Lieu, *The Roman Eastern Frontier and the Persian Wars (AD 226-363). A Documentary History*, Londres, 1991.

A respeito das relações com os nômades árabes e africanos, a bibliografia é vastíssima, mas também nesse caso os estudos fundamentais são em língua estrangeira; dentre outros, citamos I. Shahîd, *Rome and the Arabs*, Washington, 1984, *Byzantium and the Arabs in the Fourth Century*, Washington, 1984; Y. Modéran, *Les Maures et l'Afrique romaine, IVe-VIIes*, Roma, 2003.

"Algum cristão zeloso se preocupava": Agostinho, *Epístolas 46-47*.

II.2

"Os escritores romanos se felicitavam": coletânea de textos em F. Borca, *Confrontarsi con l'altro: i romani e la Germania*, Milão, 2004, p. 23-26.

II.3

A respeito do comportamento dos romanos em relação aos bárbaros, ver Y. A. Dauge, *Le Barbare. Recherches sur la conception romaine de la barbarie et de la civilisation,* Bruxelas, 1981; e para a época que nos interessa, G. B. Ladner, On Roman Attitudes towards Barbarians in Late Antiquity, em *Viator*, 7 (1976), p. 1-26, e A. Chauvot, *Opinions romaines face aux barbares au IVe siècle après J.C.*, Paris, 1998.

"O governo teve de evacuar as populações das regiões mais desprotegidas": a mais importante dessas operações foi a retirada da Dácia, a província além do Danúbio conquistada por Trajano, e que Aureliano decidiu abandonar um século e meio mais tarde; sobre o debate acerca da efetiva evacuação da população romana, ver L. Okamura, Roman Withdrawals from Three Transfluvial Frontiers, em *Shifting Frontiers in Late Antiquity*, organizada por R. W. Mathisen e H. S. Sivan, Aldershot, 1996, p. 11-19.

"Ameaçavam distribuir armas aos seus trabalhadores": Sinésio, *Epístola 125*.

"Para trabalhar de graça em seus campos": *Panegirici Latini*, VIII.9; *Codex Theodosianus*, V.6.3.

"Que têm por obrigação fornecer recrutas ao exército": uma clara descrição do sistema em S. Mazzarino, *Aspetti sociali del IV secolo*, Roma, 1951, p. 249 ss.

II.4

"Os bárbaros podiam se tornar um recurso importante": Temístio, X; AM, XIX.11, XXXI.4.

"Repartições especialmente incumbidas de organizar a acolhida aos bárbaros": são aqueles dos *praefecti laetorum*, cuja função nem sempre foi interpretada corretamente pela historiografia; de qualquer forma, ver E. Demougeot, A propos des lètes gaulois du IVe siècle, em *Beiträge zur alten Geschichte und deren Nachleben; Festschrift für Franz Altheim*, 2 vols., Berlim, 1969-1970, vol. II, p. 101-113; e C. J. Simpson, Laeti in the Notitia Dignitatum, "Regular" Soldiers versus "Soldier-Farmers", em *Revue Belge de Philologie et d'Histoire*, 66 (1988), p. 80-85.

CAPÍTULO III
OS GODOS
E ROMA

III.1

"Não possuíam os conhecimentos de linguística comparada": porém, ver H. Wolfram, *Storia dei Goti*, Roma, 1985, p. 86n. ("um filólogo como Jerônimo deve ter sabido que os godos falavam uma língua germânica").

"Ser alto e louro era sinal evidente de inferioridade": ver, por exemplo, o famoso trecho de Eunápio, fragmento 37, sobre os efeitos que o espetáculo dos prisioneiros godos provocava entre os habitantes das cidades romanas, os quais nunca os tinham visto antes: "suscitando o desprezo daqueles que viam seus corpos inutilmente desenvolvidos em altura, muito pesados para seus pés e estreitos no meio, como diz Aristóteles dos insetos".

"Somente o núcleo originário era formado por criadores de gado com traços mongóis": "Segundo os nossos conhecimentos atuais, havia 20-25% de tipos mongóis entre os hunos" (I. Bóna, *Les Huns. Le grand empire barbare d'Europe, IVe-Ve siècles*, Paris, 2002, p. 25).

"Visigodos e ostrogodos": sobre a origem dessa nomenclatura, ver Wolfram, *Storia dei Goti*, p. 49-55 ("este sistema não é mais antigo do que o ingresso de Cassiodoro a serviço de Teodorico, o Grande").

III.2

"Grande parte desses mercenários acabava sendo morta": Libânio, LIX.93. Outros testemunhos sobre a utilização de mercenários godos contra os persas em Libânio, XII.62 e 78 e XVIII.169; AM, XX.8.1, XXIII.2.7, XXIII.2.6, XXXI.6.1, XXXI.16.8.

III.3

"Ele era lembrado com veneração": Eutrópio, X.7; Iordanes, *Getica* XXI.

"Tratavam nosso imperador como se fosse um deles": Libânio, LIX.89-90.

"As remessas de trigo trazidas através do rio Danúbio": Temístio, X.10, e Juliano, *Caes.* 329A.

"Não poderiam sobreviver": ver AM, XXVII.5.7. A tese segundo a qual a própria presença do império e dos seus comércios teria representado um fator de dependência e, a longo prazo, de desestabilização para as populações bárbaras no exterior, foi mantida com convicção por C. R. Whittaker, Trade and Frontiers in the Roman Empire, em *Trade and Famine in Classical Antiquity*, organizada por P. Garnsey e C. R.

Whittaker, Cambridge, 1983, p. 110-127; Supplying the System: Frontiers and Beyond, em *Barbarians and Romans in North-West Europe*, organizada por J. C. Barret, A. P. Fitzpatrick e L. Macinnes, Oxford, 1989, p. 64-79.

III.4

A cronologia da vida de Ulfila e da cristianização dos godos é, na realidade, muito controversa; ver E. A. Thompson, *The Visigoths in the Time of Ulfila*, Oxford, 1966, p. XIII-XXIII, e H. Wolfram, *Storia dei Goti*, Roma, 1985, p. 138-156.

As *Passioni* dos mártires godos, entre os quais o mais famoso é são Saba, foram publicadas em H. Delehaye, Saints de Thrace et de Mésie, em *Analecta Bollandiana*, 31 (1912), p. 161-300.

"A pedra radiante nas margens do rio Dniepre": Wolfram, *Storia dei Goti*, p. 57.

III.5

Sobre Valente, falta uma boa síntese em italiano. Em inglês, ver N. Lenski, *Failure of Empire: Valens and the Roman State in the Fourth Century A.D.*, Berkeley, 2002. O retrato de Valente e o julgamento sobre ele estão em AM, XXXI.14.

III.6

Sobre a política religiosa de Valente, o principal testemunho é aquele, hostil para ele, de Sozomeno, VI.6-21, 39-40.

Sobre as primeiras campanhas de Valente contra os godos, além das obras já citadas, ver T. S. Burns, *Barbarians within the Gates of Rome. A Study of Roman Military Policy and the Barbarians, ca. 375-425 AD*, Bloomington, 1994.

III.7

Os textos citados nesse item são: Temístio, X; *Panegirici Latini*, XI.16 ("a oportunidade para serem romanos"); *Codex Theodosianus*, XIII.11.10, do 399 ("buscando a felicidade romana"). A oração de Temístio é muito estudada; ver em italiano, U. Roberto: Temístio sulla politica gotica dell'imperatore Valente, em *Annali dell'Istituto Italiano per gli Studi Storici*, 14 (1997), p. 137-203. Ver também, para uma contextualização mais ampla, P. J. Heather, D. Moncur, *Politics, Philosophy, and Empire in the Fourth Century: Select Orations of Themistius*, Liverpool, 2001.

III.8

"Começou a recrutar bandos de godos": acho que devem ser interpretados, neste sentido, alguns trechos controversos de AM, em particular XXX.2.6, XXXI.6.1, XXXI.16.8.

"Um fluxo de escravos godos": Sinésio, *De regno*, 15; Temístio, X.11; Eunápio, fr. 42; AM, XXXI.6.5. É provável que esta situação esteja também retratada, anacronicamente, no trecho da *Historia Augusta, Claud.* 9, segundo o qual após as vitórias de Cláudio "as províncias romanas se encheram de escravos bárbaros e de agricultores xiitas; o godo foi transformado em agricultor nas províncias fronteiriças com a barbárie. E não houve nenhuma região que não tivesse algum escravo godo, escravizado após a derrota".

CAPÍTULO IV
A EMERGÊNCIA
DO ANO DE 376

O principal relato contemporâneo sobre o que aconteceu entre os anos de 376 e 378 está no livro XXXI de Amiano Marcelino, ao qual temos que juntar os fragmentos remanescentes do livro VI de Eunápio (fragmentos 30-44).

IV.2

A imagem romana dos hunos nessa época nos é transmitida por AM, XXXI.2. Uma síntese de divulgação em italiano é a de H. Schreiber, *Gli Unni*, Milão, 1983. Também em italiano, importantes contribuições científicas estão no volume *Popoli delle steppe; Unni, Avari, Ungari*, Spoleto, 1989 (XXXV Settimana del Centro Italiano di Studi sull'Alto Medioevo). Para uma análise científica mais recente, ver I.

Bóna, *Les Huns. Le grand empire barbare d'Europe, IVe-Ve siècles*, Paris, 2002; esse autor distancia-se bastante dos prejulgamentos de Amiano Marcelino, "o qual, na calma de seu escritório romano, por sorte dele, nunca encontrara um huno" (p. 5).

"Recorreram às bibliotecas para procurar informações": pelo menos Amiano Marcelino foi conferir, e concluiu que o povo dos hunos era "muito pouco conhecido pelos historiadores antigos" (XXXI.2.1). Eunápio, que escreve um pouco mais tarde, afirma ter encontrado "nos antigos" algum material sobre os hunos, mas escrito "quando ninguém tinha nada certo para dizer" sobre esse povo (fr. 41).

IV.3

"Ótimas pontas de flecha feitas de ferro": I. Bóna, *Les Huns. Le grand empire barbare d'Europe, IVe-Ve siècles*, Paris, 2002, p. 24.
"Quase como um genocídio": Eunápio, fr. 42.
"Começou a circular uma lenda": Iordanes, *Getica*. XXIV.

IV.4

Sobre o problema do despovoamento e da necessidade de mão de obra no Império Romano, existe uma ampla discussão historiográfica, iniciada por A.E.R. Boak, *Manpower Shortage and the Fall of the Roman Empire*, Ann Arbor, Londres, 1955; sobre o significado exato a ser atribuído ao despovoamento, ver especialmente C. R. Whittaker, Agri Deserti, em M. I. Finley (ed.), *Studies in Roman Property*, Cambridge, 1976, p. 137-175, e Labour Supply in the Late Roman Empire, em *Opus*, I (1982), p. 171-179. Reflexões recentes sobre a imigração como resposta à necessidade de mão de obra foram propostas por G. Wirth, *Rome and its Germanic Partners in the Fourth Century*, em *Kingdoms of the Empire. The Integration of Barbarians in Late Antiquity*, organizada por W. Pohl, Leiden/Nova York/Köln, 1997, p.13-55; e também por C. R. Whittaker, The Use and Abuse of Immigrants in the Later Roman Empire, em *Rome and its Frontiers. The Dynamics of Empire*, Londres/Nova York, 2004, p. 199-218.

A origem e a natureza do colonato é também um tema dos mais debatidos na recente historiografia; ver *Terre, proprietari e contadini dell'impero*

romano. Dall'affitto agrario al colonato tardoantico, organizada por
E. Lo Cascio, Roma, 1997.

IV.5
"Socorro humanitário, e depois moradia e trabalho": AM, XXXI.4.8 ("alimenta pro tempore, et subigendos agros tribui statuerat imperator").
"Existira apenas uma única ponte de pedra": a ponte de pedra construída por Constantino em Oescus-Sucidava, na província da Dacia Ripensis, tinha 2.400 metros de comprimento, mas parece que na época de Valente não era mais viável. As outras pontes documentadas nas fontes do século IV, principalmente com referência às precedentes campanhas de Valente contra os godos, eram somente pontes provisórias, feitas de embarcações. Ver H. Wolfram, *Storia dei Goti*, Roma, 1985, p. 123-125; e C. R. Whittaker, *Le frontiere imperiali*, em *Storia di Roma*, vol. III, *L'età tardoantica*, organizado por A. Carandini, L. Cracco Ruggini e A. Giardina, t. I, *Crisi e trasformazione*, Turim, 1993, p. 408.

IV.6
"Os militares enfrentarem o problema à sua maneira": "aqueles que governavam junto ao imperador e exercitavam um grande poder zombavam de seu espírito guerreiro e de sua maneira de se aproximar do exército, e diziam que não sabia raciocinar como político" (Eunápio, fr. 42).

IV.7
"Apelando por ajuda humanitária": AM, XXXI.4.12 ("ut simili suscipe-retur humanitate").

IV.8
"A corrupção era endêmica no Império Romano": ver R. Mac Mullen, *La corruzione e il declino di Roma*, Bolonha, 1991.

IV.9
"Os bárbaros eram dezenas de milhares": naturalmente não é possível ter nenhuma estimativa precisa; os "quase duzentos mil" apresentados por Eunápio (fr. 42) devem ser entendidos como retórica.

CAPÍTULO V
A DEFLAGRAÇÃO
DA GUERRA

A história das campanhas militares que tiveram fim com a batalha de Adrianópolis foi escrita muitas vezes, sempre, porém, a partir das mesmas e escassas fontes que já conhecemos. A reconstrução mais detalhada, também do ponto de vista cronológico e topográfico, infelizmente não está disponível em italiano, nem em inglês: U. Wanke, *Die Gotenkriege des Valens. Studien zu Topographie und Chronologie im unterem Donauraum von 366 bis 378 n. Chr.*, Frankfurt am Main/Nova York, 1990. Muito útil, mesmo dirigido a um público amador, S. MacDowall, *Adrianople AD 378. The Goths Crush Rome's Legions*, Botley, 2001 (é o número 84 na popular *Campaign series* da editora Osprey, bem conhecida pelos apaixonados pela história militar e por uniformologia).

V.1

Sobre os efetivos à disposição de Lupicínio e Fritigerno, é possível somente formular hipóteses; ver as de MacDowall, *Adrianople AD 378*, p. 42 ss., parcialmente baseadas sobre uma análise das tropas normalmente assentadas na Trácia.

As príncipais sínteses, em italiano, sobre a evolução do exército romano na Alta Antiguidade são as de J. M. Carrié, L'esercito: trasformazioni funzionali ed economie locali, em *Società romana e impero tardoantico*, organizado por A. Giardina, 4 vols., Roma-Bari, 1986, vol. 1., *Istituzioni, ceti, economie*, p. 449-88; Eserciti e strategie, em *Storia di Roma*, vol. III, *L'età tardoantica*, organizado por A. Carandini, L. Cracco Ruggini e A. Giardina, t.I, *Crisi e trasformazione*, Turim, 1993, p. 83-154.

Todavia, para um aprofundamento dos aspectos técnicos é necessário consultar bibliografia em língua estrangeira. Sobre o equipamento das tropas, ver H. Alton, *Warfare in Roman Europe AD 350-425*, Oxford, 1996, p. 107-117. Sobre a maneira de combater, que o uso

da lança tinha tornado mais parecido ao da antiga falange hoplita, ver M. J. Nicasie, *Twilight of the Empire. The Roman Army from the Reign of Diocletian until the Battle of Adrianople*, Amsterdã, 1998, p. 187-219, e P. Richardot, *La Fin de l'armée romaine (284-476)*, Paris, 2001, p. 253-269.
Sobre a pobreza geral dos bárbaros e a escassez de seus armamentos, ver ainda Elton, *Warfare in Roman Europe*, p. 15-88.

V.3
"Dois chefes godos, porém já a serviço de Valente durante muitos anos": a interpretação de Suerido e Colias "Gothorum optimates" (AM, XXXI.6) como chefes de mercenários utilizados por Valente para a guerra contra a Pérsia, não é absolutamente universal, mas acredito que seja com certeza a mais econômica, em relação a outras que pressupõem uma acolhida precedente e uma acomodação de imigrantes *dediticii* ou de *foederati*.

CAPÍTULO VI
A BATALHA
DOS SALGUEIROS

O relato da batalha está inteiramente baseado em AM, XXXI.7.

VI.2
Sobre os generais bárbaros romanizados, existe uma bibliografia vastíssima, infelizmente quase toda em língua estrangeira. Citamos pelo menos os estudos de D. Hoffmann, Wadomar, Bacurius und Hariulf. Zur Laufbahn adliger und fürstlicher Barbaren im spätrömischen Heere des 4. Jahrhunderts, em *Museum Helveticum*, 35 (1981), p. 307-318; H. Castritius, Zur Sozialgeschichte der Heermeister des Westreichs, em *Mitt. Inst. Österr. Geschichtsforschung*, 92 (1984), p. 1-33; A. Chauvot, Origine sociale et carrière des barbares impériaux au IVe siècle, em *La mobilité sociale dans le monde romain*, organizado por E. Frézouls, Estrasburgo, 1992, p. 173-184; L. Cracco Ruggini, Les généraux francs aux IVe et Ve siècles et leurs groupes aristocratiques,

em *Clovis, histoire et mémoire*, organizado por M. Rouche, Paris, 1997, p. 673-688.

VI.3

A citação de Amiano Marcelino está em XXXI.7.8; sobre o estado de ânimo no acampamento romano, 7.9.

VI.4

"Segundo seus costumes, os guerreiros fiéis aos chefes renovavam o juramento [...] e os irmãos em armas juravam o mesmo em relação um ao outro": reconheço de bom grado que esta é uma extrapolação talvez ousada da frase muito mais curta de Amiano Marcelino (*barbari postquam inter eos ex more iuratum est.* XXXI.7.10); mas a interpretação não me parece indefensável à luz daquilo que sabemos sobre a importância que os seguidores dos chefes tinham junto aos visigodos, nessa época e também posteriormente (E. A. Thompson, *The Visigoths in the Time of Ulfila*, Oxford, 1966, p. 51-53), e, mais em geral, sobre o papel da fidelidade guerreira entre os povos germânicos.

Para Tótila, ver Procópio de Cesareia, *De bello Gothico*, IV.31. Sobre esse episódio, chamou a atenção F. Cardini, *Alle radici della cavalleria medievale*, Florença, 1981 (p. 29); o volume se abre com uma memorável evocação da batalha de Adrianópolis (p. 3-6).

VI.5

"Muitos milhares de homens de cada lado": um cálculo seguro é impossível; ver as tentativas de P. Richardot, *La Fin de l'armée romaine (284-476)*, Paris, 2001, p. 273, e de S. MacDowall, *Adrianople AD 378. The Goths Crush Rome's Legions*, Botley 2001, p. 51ss. (não acredito, porém, como esse autor, que os godos que combateram nos Salgueiros representassem somente um bando separado, ao invés do grosso do exército de Fritigerno).

VI.6

O item sobre o sepultamento dos godos mortos é completamente indutivo, baseado naquilo que sabemos dos costumes fúnebres dos germanos e dos povos das estepes; Amiano Marcelino limita-se a nos informar que eles ficaram trancados espontaneamente durante sete dias dentro do seu cinturão de carros. Não se trata, de qualquer maneira, de induções totalmente arbitrárias. A hipótese de que sacrifícios humanos fossem ainda realizados pelos godos durante todo o século IV está em Thompson, *The Visigoths*, p. 60 e n.; provavelmente, sacrifícios deste tipo acompanharam também o sepultamento de Alarico (Iordanes, *Getica*, XXX; e ver Thompson, *The Visigoths*, p. 92). Sacrifícios, mais especificamente de escravas e concubinas por ocasião do enterro de chefes germânicos pagãos, são descritos pelos viajantes árabes do século X, dentre os quais o célebre Ibn Fadhlan: ver J. Brondsted, *I Vichinghi*, Turim, 1976, n.e. 2001, p. 251-265. Para os cantos fúnebres, ver os testemunhos dos séculos V e VI, reunidos por Thompson, *The Visigoths*, p. 92. Para o sacrifício dos cavalos do morto, ver as sugestões de Cardini, *Alle radici della cavalleria medievale*, p. 31-52.

CAPÍTULO VII
A GUERRA CONTINUA

VII.1

"Numa região que os romanos haviam tentado povoar muito tempo antes"; o povoamento da Dobruja, a região do mar Negro atravessada pelo baixo curso do Danúbio, aconteceu ou graças à transferência de agricultores e veteranos romanos ou por meio de uma população, os Bessi, deportada do interior dos Bálcãs: ver E. Condurachi, Tiberio Plauzio Eliano e il trasferimento dei 100.000 Transdanubiani nella Mesia, em *Epigraphica*, 19 (1957), p. 49-65; e A. G. Poulter, Rural communities (vici and komai) and their role in the organisation of the limes of Moesia Inferior, em *Roman Frontier Studies 1979. Papers presented to the 12th International Congress of Roman Frontier Studies*, organizado por W. S. Hanson e L.J. F. Keppie, Oxford, 1980, p. 729-744.

VII.3
"Zonas despovoadas e impossíveis de atravessar": Eunápio, fr. 42.

"Os prófugos chegaram até a Itália": Ambrósio fala sobre isso numa carta de 379 ao bispo de Cesena (*Epistole*, II, 28); ver L. Cracco Ruggini, Uomini senza terra e terra senza uomini nell'Italia antica, em *Quaderni di sociologia rurale*, 3 (1962), p. 33.

Sobre o combate de Dibaltum, AM, XXXI.8.9-10.

Sobre os *cornuti*, ver o famoso artigo de A. Alföldy, Cornuti: A Teutonic Contingent (...), em *Dumbarton Oaks Papers*, 13 (1959), p. 169-179.

VII. 4
"Com comida mais refinada que de costume": AM, XXXI.9.1.

VII.5
Sobre os taifales, AM, XXXI.9.5.

VII.6
"E poderiam também ter matado todos": AM, XXXI.9.4.

CAPÍTULO VIII
VALENTE AVANÇA

VIII.1
Para os fatos aqui narrados, ver AM, XXXI.10 e Eunápio, fr. 42.

VIII.2
"Valente foi vaiado": Sozomeno, VI.39; AM, XXXI.11.1.

VIII.3
"Reduzindo tudo a uma questão cultural": Eunápio, fr. 44.1.

Sobre Sebastião, mais do que AM, XXXI.11, nos dá amplas informações Eunápio, fr. 44.3-4.

VIII.4
"Dois grandes acampamentos permanentes": "praesidiis fixis" (AM, XXXI.11.2).

VIII.5
"É provável que Sebastião tenha levado adiante, por muito tempo e com êxito, sua tática de perturbar os godos": o que segue não é uma reconstrução meramente indutiva, mas baseia-se na reação de Fritigerno às operações de Sebastião (AM, XXXI.11.5) e na alusão de Amiano aos repetidos sucessos que o general comunicava a Valente (AM, XXXI.12.1). Ver também S. MacDowall, *Adrianople AD 378. The Goths Crush Rome's Legions*, Botley 2001, p. 57-59.

VIII.6
Entre as muitas estimativas possíveis das dimensões do exército de Valente, parece-me prudente seguir a teoria minimalista de MacDowall, *Adrianople*, talvez revendo-a e aumentando-a um pouco, com base nas considerações de Hoffmann expostas mais para frente, no item IX.6. O testemunho de Amiano está em XXXI.12.1.

CAPÍTULO IX
ADRIANÓPOLIS,
9 DE AGOSTO DE 378

As muitas reconstruções disponíveis da batalha de Adrianópolis baseiam-se todas no relato de Amiano Marcelino, integrado em modo mais ou menos conjectural com a análise do local e com as informações gerais das quais dispomos sobre a natureza e a organização do exército tardo-imperial. Além das obras citadas acima, na introdução e no cap. V, o especialista poderá consultar N. J. E. Austin, Ammianus'Account of Adrianople. Some Strategic Observations, em *L'Antiquité Classique*, 15 (1972), p. 301-309; T. H. S. Burns, The Battle of Adrianople: A Reconsideration, em *Historia*, 22 (1973), p. 336-345; P. Richardot, *La Fin de l'armée romaine (284-476)*, Paris, 2001, p. 271-291.

IX.2

Sobre Vittore, AM, XXXI.12.6, e Gregório de Nazianzo, Epístolas 133-134; outras notícias sobre sua carreira, que o levou, a um certo momento, a se casar com uma princesa árabe, em I. Shahîd, *Byzantium and the Arabs in the Fourth Century*, Washington, 1984, pp. 164-169.

IX.3

O ataque contra os bárbaros que se fingem de cristãos está em Eunápio, fr. 48.2.

IX.6

Sobre a *Notitia Dignitatum*, ver em geral G. Clemente, *La Notitia Dignitatum*, Cagliari, 1968.

Embora disponíveis somente em alemão e de difícil utilização, o importante estudo de D. Hoffmann, *Das spätrömische Bewegungsheer und die Notitia Dignitatum*, 2 vols., Düsseldorf, 1969-70, representa a principal tentativa de analisar a *Notitia* para obter informações precisas sobre o contingente do exército no século IV e, entre outras coisas, sobre os destacamentos presentes em Adrianópolis; aqui, nas p. 449-457, o cálculo pelo qual quatorze unidades de infantaria e duas de cavalaria teriam sido destruídas em Adrianópolis e não mais reconstituídas.

Sobre as dimensões médias de legiões e *auxilia,* Hoffmann, op. cit., p. 455; S. Macdowall, *Adrianople AD 378. The Goths Crush Rome's Legions*, Botley, 2001, p. 22 ss.; e P. Richardot, *La Fin de l'armée romaine (284-476)*, Paris, 2001, p. 82-84.

IX.9

Sobre Bacurio, ver *supra*, nota em VI.2.

IX.11

As citações em AM, XXXI.13.2.

IX.12

O montante das perdas é aquele apresentado por AM, XXXI.13.18.

A lenda sobre a morte de Valente não é relatada somente por Amiano, XXXI.13.14-16, mas também pelo historiador cristão Sozomeno, VI.40.

CAPÍTULO X
APÓS
O DESASTRE

X.1

"Uma grande comoção no Império Romano": ver, entre os contemporâneos, a reação de Amiano Marcelino, XXXI.13.19: "nos anais, não se lê nenhum outro acontecimento que tenha acabado tão desastrosamente, com exceção da batalha de Cannes"; e do historiador cristão Rufino, I.13: "essa batalha foi o começo da ruína para o Império Romano, agora e para sempre".

"Aquilo que faziam às mulheres e aos prisioneiros": ver, por exemplo, AM, XXXI.6.7-8 e 8.7-8.

X.2

"Os sinais nefastos que haviam anunciado a morte de Valente": AM, XXXI.1 e XXXI.15.8-9.

X.3

A história do monge Isaque e da sua previsão está em Sozomeno, VI.40. A admoestação de Ambrósio a Graciano, em Ambrósio, *De fide ad Gratianum*, II.16. A oração de Libânio é a XXIV.

X.5

"Que não era conveniente mover guerra às muralhas": "pacem sibi esse cum parietibus" (AM, XXXI.6.4).

"Parecidos com animais enlouquecidos pelo excitante odor do sangue": AM, XXXI.15.2.

X.6

"Um *candidatus* [...] e estava em missão na Síria": a história está em Jerônimo, *Vita Hilarionis*, 22.

X.7
"Com seus remédios de bárbaros": AM, XXXI.16.1 ("artesque medendi gentiles").

X.8
O episódio do Sarraceno, em AM, XXXI.16.5-6.

CAPÍTULO XI
TEODÓSIO

Sobre Teodósio, ver S. Williams, G. Friell, *Teodosio. L'ultima sfida*, Gênova, 1999. Sobre a sua abordagem ao problema gótico, ver M. Pavan, *La politica di Teodosio nella pubblicistica del suo tempo*, Roma, 1964.

XI.2
Para o Édito de Tessalônica de 380, *Codex Theodosianus*, XVI.1.2 (e ver *supra*, nota no item I.4); para os éditos de 391-92, *Codex Theodosianus*, XVI.10.10-12.

XI.3
Os éditos de Teodósio sobre o alistamento estão em *Codex Theodosianus*, VII.13.8-11, 18.2-8, 22.9-11.
Sobre a história de Atanarico, as principais fontes são o retórico Temístio, XV, e o historiador bizantino, Zósimo, IV.34.

XI.4
Os acordos de Teodósio com os vários chefes godos são analisados em todas as principais obras dedicadas ao conflito entre o império e os godos, listadas no item introdutório, às quais acrescentamos: E. Demougeot, Modalités d'établissement des fédérés barbares de Gratien et de Théodose, em *Mélanges W. Seston*, Paris, 1974, p. 143-160; Ead., *La formation de l'Europe et les invasions barbares*, vol. II, *De l'avènement de Dioclétien (284) à l'occupation germanique de l'Empire romain d'Occident (début du VIe siècle)*, Paris, 1979; F. Ausbüttel, *Die Dedition der Westgoten von 382 und ihre historische Bedeutung*, em *Athenaeum*, 66 (1988), p. 604-613.

Quem se interessar pelas fontes, escassas e contraditórias, através das quais chegamos a conhecer bem ou mal essa história obscura pode partir de Eunápio, fr. 45.3, de Zósimo, livro IV, e de Iordanes, o historiador godo do século VI (*Getica*, XXVII). São, porém, igualmente e talvez ainda mais úteis, orações e panegíricos dos retóricos contemporâneos, principalmente Temístio, XVI e XXXIV; Libânio, XIX; *Panegirici Latini*, II.

A oração de Temístio para Saturnino é a XVI; sobre esse texto muito estudado, e mais em geral sobre a retórica humanitária típica dessa época e desse ambiente, ver M. Pavan, *La politica de Teodosio nella pubblicistica del suo tempo*, Roma, 1964; G. Dagron, L'Empire Romain d'Orient et les traditions politiques de l'Hellenisme: le témoignage de Thémistios, em *Travaux et mémoires*, 3 (1968), pp. 104-116; X.L. W. Daly, The Mandarim and the Barbarian: The Response of Themistius to the Gothic Challenge, em *Historia*, 21 (1972), p. 351-379: F. Heim, Clémence ou extermination: le pouvoir impérial et les barbares au IVe siècle, em *Ktema* 17 (1992), p. 281-295.

XI.5

O trecho de Pacato, em *Panerigici Latini*, II.32-33.

"O lugar-comum [...] retorna sempre nos autores da época de Teodósio": ver, por exemplo, Claudiano: "o sármata andarilho vem jurar fidelidade, o godo se alista depois de ter jogado fora suas peles, e vocês, alanos, passaram à disciplina do Lácio" *(IV Cons. Hon., 485-487)*, enquanto os germanos do Reno estão "inscritos para o serviço militar, de maneira que a Sicambria, com os cabelos cortados, combata em nosso exército" (*In Eutr.*, I.381-383).

XI.6

Sobre as lápides de Concórdia, ver G. Lettich, *Le iscrizioni sepolcrali tardoantiche di Concordia*, Trieste, 1983.

"Primeiro nome de todos é Flávio": na realidade, o nome *Flavius* normalmente indicava todos aqueles que exerciam alguma função militar ou administrativa no império, inclusive os escalões mais baixos do exército; portanto, também os nativos — por exemplo, empregados das administrações locais — podiam usá-lo, em substituição de seu próprio nome. Quando, porém, este vem acompanhado de um segundo nome notadamente bárbaro, fica claro que se trata de um imigrante integrado. Ver, por exemplo, B. Salway, What's in a Name? A Survey of Roman Onomastic Practice from c. 700 b.C. to A.D. 700, em *Journal of Roman Studies*, 84 (1994), p. 137-140.

CAPÍTULO XII
A REAÇÃO
AOS BÁRBAROS

XII.1

Para os conflitos entre destacamentos regulares e contingentes bárbaros a serviço de Roma, ver Zósimo, IV. 30 e IV.40; a estes temos que acrescentar os confrontos não menos frequentes entre mercenários godos e a população civil, sobre os quais há, por exemplo, Libânio, XIX.22, XX.14; Sozomeno, VII.25; Claudiano, *In Eutr.* II.
O trecho de Jerônimo está em sua glosa ao livro de Daniel, II.40. O diálogo entre Ambrósio e Magno Máximo, em Ambrogio, *Epistola 24.4*.
"Diz-se, em língua síria, 'godo' ao invés de 'soldado': J. M. Carrié, L'esercito: trasformazioni funzionali ed economie locali, em *Società romana e impero tardoantico*, organizado por A. Giardina, 4 vols. Roma-Bari, 1986, vol. I, *Istituzioni, ceti, economie*, p. 479.

XII.2

A opinião de Sinésio sobre os hunos encontra-se em várias de suas obras, particularmente em *Catastasis (PG 66c. 1576)* e na *Epistola 78*; as invectivas contra a ineficiência do exército regular e dos seus generais aparecem nas *Epistole 78*, 95, 104, 107, 110, 122, 125, 130, 132 e na *Catastasis (PG 66, col. 1567)*.
O longo trecho que alerta contra o fato de os godos terem entrado no império por culpa de Teodósio encontra-se no seu tratado endereçado ao filho dele, Arcádio: *De Regno*, 14-15. Este texto foi muito discutido e comentado; ver especialmente P. J. Heather, The Anti-Scythian Tirade of Synesius "De Regno", em *Phoenix*, 42 (1988), p. 152-172, e

A. Cameron, J. Long, *Barbarians and Politics at the Court of Arcadius*, Berkeley, 1993, p. 102-142.

XII.3
A historiografia tem enfatizado há algum tempo os limites e as contradições da assim chamada reação contra os bárbaros, que aparece como um dos aspectos da luta pelo poder e dos confrontos entre grupos de interesse na corte imperial, bem mais do que o resultado de uma real intransigência ideológica. Além dos trabalhos citados nas notas no par. XII.2, ver M. Pavan, *La politica di Teodosio nella pubblicistica del suo tempo*, Roma, 1964; F. Paschoud, *Roma Aeterna. Études sur le patriotisme romain dans l'Occident latin à l'époque des grandes invasions*, Roma 1967; W. N. Bayless, Anti-Germanism in the Age of Stilicho, em *Byzantine Studies*, 32 (1976), p. 70-76; G. Albert, *Goten in Konstantinopel*, Paderborn, 1984; E. P. Gluschanin, Die Politik Theodosius I. Und die Hintergründe des sogenannten Antigermanismus im oströmischen Reich, em *Historia*, 38 (1989), p. 224-249.

XII.4
Sobre Fravitta, Zósimo, V.20-21.

XII.5
Sobre Alarico, além das obras gerais sobre os godos citadas no começo, ver S. Mazzarino, *Stilicone. La crisi imperiale dopo Teodosio*, Roma, 1942, p. 183-194; A. Cameron, *Poetry and Propaganda at the Court of Honorius*, Oxford, 1970, p. 157-176; J. W. Liebeschuetz, Alaric's Goths: Nation or Army?, em J. F. Drinkwater, H. W. Elton (eds.), *Fifth-Century Gaul: A Crisis of Identity?*, Cambridge, 1992, p. 75-83; *Romani e Barbari. Incontro e scontro di culture*, organizado por S. Giorcelli Bersani, Turim, 2004.

XII.6
O tema do assentamento de *foederati* bárbaros no império do Ocidente após o saque de Roma foi amplamente discutido nos últimos anos,

a partir da publicação do polêmico livro de W. Goffart, *Barbarians and Romans A.D. 418-584. The Techniques of Accomodation*, Princeton, 1980. Quem quiser reconstruir o debate, pode partir das contribuições recentes de J.W. Liebeschuetz, Cities, Taxes and the Accomodation of the Barbarians: The Theories of Durliat and Goffart, em *Kingdoms of the Empire. The Integration of Barbarians in Late Antiquity*, organizado por W. Pohl, Leiden/Nova York/Köln, 1997, p. 135-152; E. Chrysos, De foederatis iterum, na mesma obra, p. 185-206.

ÍNDICE ONOMÁSTICO

Agostinho, santo, 17
Alarico, chefe godo, 33, 194-198
Ambrósio, santo, 17, 160, 188
Amiano Marcelino, historiador, 43-44, 55-56, 58, 61-62, 68, 70, 80, 87, 89, 91
Andila, Flávio, oficial romano, 184
Aníbal, general cartaginês, VIII, 10, 149
Arcádio, imperador, 192, 198
Ário, teólogo, 41
Atanarico, chefe godo, 178
Átila, rei dos hunos, 34
Augusto, imperador, 24, 125, 139, 176
Aureliano, imperador, 15

Bacurio, oficial romano, 146
Barzimere, oficial romano, 106-108
Basílio de Cesareia, santo, 18, 132
Breno, chefe galo, 25

César, Júlio, general e político romano, 14, 76, 139, 140, 149
Colias, chefe mercenário, 80

Constâncio II, imperador, 38
Constantino, imperador, 14-18, 38-42, 45, 49, 60, 106, 162, 174, 184
Crasso, Marco Licínio, general e político romano, 149

Décio, imperador, 155
Diocleciano, imperador, 15, 162

Equício, funcionário de Valente, 143, 151
Eunápio, historiador, 62-64, 119-120, 133-134, 199

Filimero, chefe godo, 57
Fravitta, general romano, 193
Frigerido, general romano, 108-112, 115, 118, 121
Fritigerno, chefe godo, 68-69, 71, 77-78, 81-82, 88, 124, 129-130, 135-136, 138, 141-144, 147, 162-163, 168, 178-181, 193

Gibbon, Edward, historiador, 15
Graciano, imperador, 63, 89, 103, 108, 115-116, 118, 121, 125,

131-132, 160, 173, 175-176, 179
Gregório de Nazianzo, são, 18, 132
Gregório de Nissa, são, 18

Honório, imperador, 192, 198

Jerônimo, são, 17, 166, 168
João Crisóstomo, são, 18
Juliano, o apóstata, imperador, 17
Júlio César, ver César, Júlio.
Justiniano, imperador, 41

Isaque, monge, 160

Libânio, retórico, 37-38, 47, 161
Lupicínio, conde, 66-67, 69-71, 75-79, 88, 101, 143

Magno, Máximo, usurpador, 188-189
Mário, Caio, general e político romano, 25
Martinho, são, 18
Máximo, duque, 66-67
Merobaude, Flávio, oficial romano, 103
Momigliano, Arnaldo, historiador, 9

Ovídio, poeta, 89

Pacato, retórico, 182
Pompeu, Gneu, general e político romano, 149

Procópio, general romano, 45, 117
Profuturo, general romano, 87
Ricomere, comandante da guarda imperial, 90, 96-97, 131, 143-144, 146, 150
Rômulo Augústulo, imperador, 9

Saturnino, general e político romano, 104-106, 151, 180
Sebastião, general romano, 120, 121-125, 129, 132, 151
Sindila, Flávio, oficial romano, 184
Sinésio, bispo, 49, 189-190, 192, 194, 196
Suerido, chefe mercenário, 80

Tácito, Públio Cornélio, historiador, 24
Taifales, 110-112, 142
Temístio, retórico, 46-48, 180-181
Teodorico, rei dos ostrogodos, 41
Teodósio, o velho, general romano, 175
Teodósio, imperador, 18, 173-184, 187-194, 197
Tótila, rei dos ostrogodos, 94
Trajano, general romano, 87, 151

Ulfila, bispo dos godos, 40-42, 135

Valente, imperador, 43-46, 48, 53-54, 56, 58, 60, 63, 67, 75, 79-80, 87, 89, 97, 101-102, 104, 115-121, 124-126, 129-132,

ÍNDICE ONOMÁSTICO

134-140, 142-145, 150-152, 155, 157-160, 162-164, 168, 170, 173-174, 176, 179-181

Valentiniano, imperador, 117, 174-175

Valentiniano II, imperador, 63, 173

Valeriano, imperador, 155

Valeriano, funcionário da corte, 151

Varo, Públio Quintílio, general romano, 24

Vittore, general romano, 131-132, 150

ESTE LIVRO FOI COMPOSTO EM ADOBE
GARAMOND, CORPO 10,6 POR 15 E
IMPRESSO SOBRE PAPEL OFF-SET 75 g/m^2
NAS OFICINAS DA ASSAHI GRÁFICA, SÃO
BERNARDO DO CAMPO — SP, EM JUNHO
DE 2010